Sedat Cereci

Organismos de comunicação social

Sedat Cereci

Organismos de comunicação social

ScienciaScripts

Imprint

Any brand names and product names mentioned in this book are subject to trademark, brand or patent protection and are trademarks or registered trademarks of their respective holders. The use of brand names, product names, common names, trade names, product descriptions etc. even without a particular marking in this work is in no way to be construed to mean that such names may be regarded as unrestricted in respect of trademark and brand protection legislation and could thus be used by anyone.

Cover image: www.ingimage.com

This book is a translation from the original published under ISBN 978-3-659-50728-1.

Publisher:
Sciencia Scripts
is a trademark of
Dodo Books Indian Ocean Ltd. and OmniScriptum S.R.L publishing group

120 High Road, East Finchley, London, N2 9ED, United Kingdom
Str. Armeneasca 28/1, office 1, Chisinau MD-2012, Republic of Moldova, Europe
Printed at: see last page
ISBN: 978-620-7-66487-0

ORGANIZAÇÕES MEDIÁTICAS

Sedat Cereci

ÍNDICE DE CONTEÚDOS

PREFÁCIO

A era moderna toma forma com a tecnologia desenvolvida e, especialmente, com os produtos de alta tecnologia e o sistema político global orienta as pessoas através da tecnologia. Os meios de comunicação social são os componentes mais populares e comuns da era moderna e as condições económicas exigem uma estrutura organizacional dos meios de comunicação social. De certa forma, a era moderna é a era das estruturas organizacionais e as organizações que conseguem dirigir-se às pessoas obtêm grandes ganhos.

Muitos canais de rádio e televisão, jornais e sítios Web na Internet estruturam-se em formas profissionais e tornam-se componentes da economia global. A tecnologia tem rodeado o mundo e há um século que as pessoas vivem com dispositivos tecnológicos e abordagens tecnológicas. Os meios de comunicação social são as produções mais atractivas da tecnologia e são utilizados habitualmente em todo o mundo. Na era moderna, os meios de comunicação social são um grande negócio no mundo. Muitas organizações de comunicação social transmitem inúmeras mensagens às pessoas e estas recebem inúmeras opiniões e inspirações dos meios de comunicação social. Neste estudo, é discutida a reflexão sobre o impacto das opiniões dos proprietários de organizações televisivas, uma vez que a maioria das organizações televisivas são estabelecimentos comerciais, e são avaliados os impactos espirituais das organizações televisivas na transmissão e os esforços para ditar opiniões ideológicas dos proprietários de capital como um estilo de vida. A maior parte das organizações televisivas está, em primeiro lugar, a tentar obter lucros e, em seguida, a tentar responder a quaisquer necessidades sociais nos princípios gerais da organização; e na emissão de muitas organizações televisivas estão presentes abordagens ideológicas ou opiniões religiosas. As organizações empresariais de televisão estruturam-se de diferentes formas devido a dimensões legais ou funcionais e qualquer indivíduo ou qualquer grupo no topo da organização é eficaz no conteúdo da emissão. Por vezes, os administradores das organizações de televisão pretendem obter lucros e, além disso, reflectem as suas abordagens e opiniões espirituais na emissão televisiva e transmitem as suas opiniões às massas, esperando que os espectadores apoiem as suas opiniões.

Este livro contém a estrutura das organizações dos meios de comunicação social e a relação entre as organizações dos meios de comunicação social e os seus objectivos. Os objectivos diferem em função das organizações e a estrutura organizacional varia em função dos objectivos. A estrutura dos órgãos de comunicação social é concebida de acordo com a situação política e económica mundial.

Tenho de agradecer aos meus adoráveis filhos e aos meus assistentes, Professor Associado Tulay Atay Avsar, Professor Associado Burak Karabulut, Assistente de Investigação Emrah Cevher, Assistente de Investigação Yunus Ergen, Savas Er, Mustafa Enig, Gulay Gunay, Fikret Dogruyol, Yusuf Saglamoglu, Omer Saglamoglu, Mehmet Agikgoz, Ikbal Isik.

Prof. Dr. Sedat Cereci
Antakya, 2017

INTRODUÇÃO

Um grande número de meios de comunicação social tem um grande investimento na sua estrutura e tenta trabalhar em condições da era moderna. A era moderna envolve organizações bem organizadas e pessoal treinado (Akymenko, 2016). Especialmente as organizações que trabalham com tecnologia precisam de uma estrutura organizacional detalhada.

A era moderna assenta na base tecnológica e os produtos mais populares da tecnologia são os meios de comunicação social. Muitas pessoas utilizam os meios de comunicação social nos últimos tempos e planeiam as suas vidas com base nos meios de comunicação social e tomam decisões com base nos meios de comunicação social, pelo que estes ganham muito com o seu grande interesse (Watson-Manheim e Belanger, 2007, 285). Os media são emissores do processo de comunicação e enviam sempre mensagens, mas será que recebem feedback? Não há dúvida de que os media apenas transmitem as suas mensagens e afectam as pessoas, mas não as recebem. A componente mais popular dos meios de comunicação, a televisão, envia muitas mensagens às pessoas, que se interessam muito por ela e planeiam as suas vidas em função da televisão (Jonsson e outros, 2009, 219). A televisão transmite muitas mensagens às pessoas e as mensagens da televisão afectam uma grande massa no mundo.

A televisão é o meio de comunicação social mais comum na era moderna e é vista por muitas pessoas no mundo todos os dias. A televisão tem soberania sobre as pessoas devido aos seus efeitos poderosos e conduz as pessoas a um estilo moderno contemporâneo (Kirkorian e outros, 2009, 1354). Por um lado, a televisão transmite notícias diárias e, por outro, apresenta às pessoas produções agradáveis e muitas outras mensagens. A maior parte das pessoas vê televisão sem consciência e não está ciente das mensagens filosóficas e espirituais da televisão (Foster e Watkins, 2010, 371). Esta é uma forma de lucro da televisão: afetar as abordagens espirituais das pessoas e proporcionar-lhes muito entretenimento. As organizações de televisão são estabelecidas por investidores, e a política da televisão é maioritariamente constituída pela abordagem espiritual da base de investidores. Aqueles que têm uma organização de televisão pretendem ganhar e também propagar as suas opiniões e as suas abordagens (Feshbach e Tangney, 2008, 388). O investidor pretende ganhar e também pretende obter satisfação espiritual, partilhando a sua opinião e obtendo soberania através das suas abordagens às pessoas. Os proprietários de organizações televisivas são maioritariamente capitalistas que têm muita riqueza e precisam mais de satisfação espiritual do que de ganhos (Hauk e Immordino, 2014, 1052). A satisfação espiritual orienta a organização televisiva para transmitir opiniões e abordagens do proprietário da organização televisiva. A organização de televisão tem uma política de transmissão que é constituída numa base legal e que respeita os valores nacionais e sociais. Para a estrutura legal da organização de televisão é importante ser uma organização poderosa, mas para os investidores o lucro, geralmente, é mais importante do que a legalidade. A televisão nunca ignora os valores das pessoas e nunca agride as abordagens das pessoas, mas pode orientar as opiniões e os comportamentos das pessoas (Esteves-Sorenson e Perretti, 2012, p. 887). Os trabalhadores da televisão utilizam geralmente as fraquezas das pessoas e tentam afetar os espectadores, respondendo às expectativas dos mesmos. Geralmente, os espectadores vêm televisão para satisfazerem as suas expectativas e passarem um tempo agradável. Muitas pessoas, desde o realizador ao técnico, trabalham para a televisão e quase todas elas cumprem as directivas do patrão da organização televisiva. As opiniões e abordagens espirituais do proprietário da organização de televisão reflectem todas as produções de televisão e, naturalmente, reflectem-se na emissão (Djankov e outros, 2003, 369). Teoricamente, a emissão televisiva deve ser neutra, mas é difícil encontrar uma emissão neutra devido às abordagens dos patrões da televisão.

Os media têm soberania sobre as pessoas no mundo na era moderna e as mensagens dos media orientam as pessoas para a política e para outras dinâmicas. Existe uma relação entre as organizações de comunicação social e os decisores políticos e os meios de comunicação social das organizações de comunicação social também influenciam a estrutura económica (Edwards e McCarthy, 2004, 647). Recentemente, quase todas as pessoas planeiam a sua vida quotidiana através dos meios de comunicação social.

OBTER INFORMAÇÕES

Informação é o conhecimento obtido através de investigação, estudo ou instrução ou o atributo inerente e comunicado por uma de duas ou mais sequências ou disposições alternativas de algo (como os nucleótidos no ADN ou os dígitos binários num programa de computador) que produzem efeitos específicos ou um sinal ou carácter (como num sistema de comunicação ou num computador) que representa dados ou algo (como uma mensagem, dados experimentais ou uma imagem) que justifica a alteração de uma construção (como um plano ou teoria) que representa a experiência física ou mental ou outra construção ou uma medida quantitativa do conteúdo da informação; especificamente uma quantidade numérica que mede a incerteza no resultado de uma experiência a ser realizada ou o ato de informar contra uma pessoa ou uma acusação formal de um crime feita por um oficial de acusação, distinta de uma acusação apresentada por um grande júri (merriam-webster.com, 2016). Como se pode ver, informação tem diferentes significados e o seu âmbito é vasto.

A obtenção de informação é um processo que envolve alguns instrumentos, mas, em primeiro lugar, envolve a intenção de obter informação. O homem precisa de informação na sua vida complexa e procura sempre fontes e técnicas de informação disponíveis (Cereci, 2005, 121). O desenvolvimento tecnológico tem sido muito rápido nas últimas décadas. Impôs muitas mudanças nas abordagens, métodos e soluções tradicionais das bibliotecas. No entanto, parece que a resposta à questão do desenvolvimento humano no âmbito destes processos seria bastante incerta. O desenvolvimento de um homem em comparação com as tecnologias tem sido bastante lento, como podemos observar especialmente na situação da prática do sistema de bibliotecas eslovaco. Os factores humanos da biblioteca e do trabalho de informação podem ser determinados como a personalidade do ser humano na criação, mediação e utilização da informação, incluindo relações humanas de comunicação complexas. Em oposição à ideia tradicional de processos "neutros" de biblioteca e informação, as novas ideias têm em conta as condições humanas naturais, subjectivas (cognitivas, afectivas) e culturais e sociais destes processos (Steinerova, 2001). As técnicas modernas permitem às pessoas aceder facilmente à informação e utilizar a informação disponível.

Uma linha telefónica sofre de interferência com outras linhas; o hardware na linha distorce e adiciona ruído ao sinal transmitido. A rede do espaço profundo que escuta o insignificante transmissor de Galileu recebe radiação de fundo de fontes terrestres e cósmicas. O ADN está sujeito a mutações e danos. Uma unidade de disco, que escreve um dígito binário (um ou zero, também conhecido como bit) alinhando um pedaço de material magnético numa de duas orientações, pode mais tarde não conseguir ler o dígito binário armazenado: A mancha de material pode inverter espontaneamente a magnetização, ou uma falha de ruído de fundo pode fazer com que o circuito de leitura indique o valor errado para o dígito binário, ou a cabeça de escrita pode não induzir a magnetização em primeiro lugar devido à interferência de bits vizinhos. A teoria da informação e a teoria da codificação oferecem uma abordagem alternativa (e muito mais interessante): aceitamos o canal ruidoso tal como ele é e acrescentamos-lhe sistemas de comunicação para podermos detetar e corrigir os erros introduzidos pelo canal (MacKay, 2003, 233). A informação é naturalmente um dos principais componentes do processo de comunicação.

As pessoas precisam sempre de informação para viverem em segurança e com conforto. Quando ocorre uma emergência, a necessidade de comunicar é imediata. Se as operações comerciais forem interrompidas, os clientes vão querer saber como serão afectados. Poderá ser necessário notificar as entidades reguladoras e as autoridades governamentais locais quererão saber o que se está a passar na sua comunidade. Os empregados e as suas famílias ficarão preocupados e quererão obter informações. Os vizinhos que vivem perto da instalação podem precisar de informações - especialmente se forem ameaçados pelo incidente. Todos estes "públicos" vão querer informações antes de a empresa ter a oportunidade de começar a comunicar (www.ready.gov/business, 2016). A informação é sempre necessária para as pessoas.

Existem várias razões, principalmente de natureza cognitiva, para que a relação entre educação e conhecimento se torne mais forte num ambiente rico em informação. Basta considerar a descrição de Graber da cobertura mediática atual: Os noticiários sobrecarregam frequentemente as pessoas com mais factos e números e até imagens do que elas conseguem absorver facilmente... As histórias são habitualmente escritas ou narradas a um nível de compreensão de oitavo grau, ou mesmo de décimo segundo grau, que ignora o facto de a maioria dos adultos americanos não funcionar comfortavelmente acima de um nível de sexto grau. Em comparação com os menos instruídos, os indivíduos com mais anos de escolaridade formal são mais capazes de digerir a informação contida nas notícias. Não só a sua capacidade de leitura é provavelmente maior, como também são melhores a ordenar e a armazenar pontos-chave da informação (Terit e outros, 2006, 268). A informação sempre foi uma necessidade do homem.

A informação pode provir de praticamente qualquer lugar - meios de comunicação social, blogues, experiências pessoais, livros, artigos de jornais e revistas, opiniões de especialistas, enciclopédias e páginas Web - e o tipo de informação de que alguém precisa muda consoante a pergunta a que se está a tentar responder (lib.vt.edu, 2016). Existem muitas fontes e formas diferentes de informação (ready.gov/business, 2016).

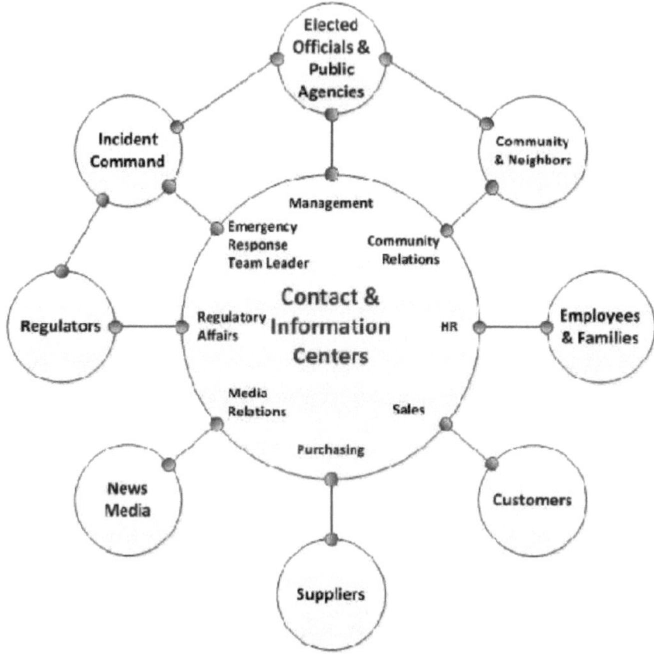

IMPORTÂNCIA DA COMUNICAÇÃO E DA COMUNICAÇÃO DOS MIGRANTES

A comunicação é simplesmente o ato de transferir informação de um lugar para outro. O processo de comunicação interpessoal não pode ser considerado como um fenómeno que simplesmente "acontece", mas deve ser visto como um processo que envolve participantes que negociam o seu papel neste processo, consciente ou inconscientemente. Os emissores e os receptores são, naturalmente, vitais na comunicação. Na comunicação face a face, os papéis do emissor e do recetor não são distintos, pois ambas as partes comunicam entre si, mesmo que de formas muito subtis, como o contacto visual (ou a falta dele) e a linguagem corporal geral. Existem muitas outras formas subtis de comunicarmos (talvez até involuntariamente) com os outros, por exemplo, o tom da nossa voz pode dar pistas sobre o nosso estado de espírito ou emocional, enquanto os sinais manuais ou os gestos podem complementar uma mensagem falada. Na comunicação escrita, o emissor e o recetor são mais distintos. Até há pouco tempo, eram relativamente poucos os escritores e editores que tinham grande poder de comunicação através da palavra escrita. Atualmente, todos podemos escrever e publicar as nossas ideias em linha, o que conduziu a uma explosão de possibilidades de informação e comunicação" (skillsyouneed.com, 2016). A comunicação é a principal atividade humana devido ao seu carácter humano natural.

Alguns restaurantes são capitais culturais e locais de comunicação para imigrantes que migraram das províncias de Nova Iorque, nos Estados Unidos. Numa capital cultural, os restaurantes são um ponto de encontro para clientes empresariais, executivos da indústria cultural e artistas. O desenvolvimento do sector da restauração em Nova Iorque é indissociável dos processos globais de mudança. Não só corresponde ao desenvolvimento da economia simbólica e ao crescimento geral dos serviços, especialmente dos serviços empresariais de alto nível, como também reflecte o movimento do capital de investimento em todo o mundo e uma oferta constante, desde que as leis de imigração dos EUA foram alteradas em 1965 e 1986, de novos imigrantes. Os restaurantes geram um grande número de empregos de baixos salários e "sem saída" que são frequentemente preenchidos por imigrantes que não possuem conhecimentos de inglês e credenciais educativas americanas (Zukin, 2005, 159). Todas as povoações envolvem locais de comunicação e instrumentos de comunicação e as pessoas procuram as formas mais disponíveis para comunicar.

Depois de chegarem a um lugar de esperança, os imigrantes começam por procurar aqueles que migraram da mesma cidade para se solidarizarem e não se sentirem estrangeiros na sua nova terra. Naturalmente, querem dar a conhecer aos amigos as suas opiniões sobre a nova terra e a sua gente, e precisam de contar os seus problemas com a nova terra, e querem chegar a acordo sobre as novas condições, e depois tentam pensar no que vão fazer amanhã. Em segundo lugar, procuram um emprego para sobreviver e para encontrar outros imigrantes. Normalmente, encontram-se em locais de trabalho, como restaurantes, hotéis, cafetarias, fábricas, estações de serviço, construções. Quantos mais imigrantes encontram, mais poderosos se sentem, e sentem-se parte de uma unidade, e estabelecem a sua terra com mais facilidade e conforto. Os restaurantes são pontos de encontro de imigrantes não só em Nova Iorque, mas em muitas cidades em expansão no mundo.

Um viajante sozinho pergunta geralmente a quem se senta ao seu lado "para onde vai" nas viagens interurbanas, apesar de saber para onde o autocarro viaja na Turquia. A razão desta pergunta não é que o viajante sozinho não saiba para onde vai o autocarro, mas sim que quer iniciar um processo de comunicação cordial. Porque é um ser humano e a comunicação é uma forma de sentir que se é humano. Esta é uma questão inicial de um processo de comunicação na cultura turca. É uma necessidade do ser humano comunicar, partilhar ideias e conhecimentos, um comentário, apesar de viajar apenas durante algumas horas num autocarro. Ser humano significa comunicar onde o ser humano vive e o que faz. O ser humano procura uma possibilidade de comunicação onde quer que esteja, mesmo que seja um imigrante. Os imigrantes precisam de mais possibilidades de comunicação do que as outras pessoas, porque são estranhos numa cidade distante da sua terra natal, onde deixaram todo o seu passado.

A migração é o maior movimento e o mais terrível resultado que a revolução industrial provocou no mundo. A migração desenfreada e a expansão desmedida estão na origem de muitos problemas nas grandes cidades. As pessoas que migraram das províncias e se estabeleceram em lugares próximos às fábricas que se instalaram com a revolução industrial foram os primeiros habitantes das primeiras grandes cidades, mas viveram apenas do orgulho de ser cidadão de uma grande cidade, mas estavam distantes da consciência de citadino. Porque não havia uma experiência de cidade e o seu vocabulário na sua experiência de vida. As pessoas das primeiras cidades apenas tentaram viver na mudança inevitável do seu novo mundo, porque não sabiam o que era ser citadino. A maioria vivia em condições terríveis e miseráveis, mas não podia regressar à sua terra natal. Quase todas as grandes cidades foram expostas à migração e aos seus terríveis resultados na história da humanidade.

Quando Bizâncio estava a ser fundada em 395 d.C., muitos cristãos migraram das cidades vizinhas e geraram uma nova e esperançosa cidade. No início do período bizantino, uma cidade bizantina era apenas a continuação de uma cidade romana que, por sua vez, pode ter sido fundada no período helenístico ou mesmo antes. O período bizantino na vida das cidades não foi marcado por nenhuma mudança radical no traçado das ruas, no sistema de fortificação, de enterramento ou de abastecimento de água. As alterações mais evidentes foram a construção de igrejas e o abandono dos templos pagãos; houve também desenvolvimentos menos perceptíveis relacionados com a administração cívica, a comercialização e os divertimentos públicos (Mango, 1986, 20). Porque o público de uma nova cidade sente a necessidade de se reunir e comunicar.

A moral era mais valiosa do que a materialidade, o que gerava unidade para as pessoas no passado. Quando planeavam uma cidade, pensavam em primeiro lugar em edifícios sociais que agregavam as pessoas em torno dos mesmos valores e crenças. As pessoas sentiram que eram partes de uma mesma unidade. Por isso, decidiram que tinham de comunicar entre si para salvar essa unidade e para a reforçar. Por isso, tentaram construir grandes edifícios e espaços sociais na sua cidade para se encontrarem, falarem, divertirem-se, actuarem, aprenderem a vida, etc.

É possível dizer que os edifícios sociais e as áreas de reunião foram maiores e mais importantes do que os edifícios e terrenos pessoais devido à importância da vida social e da comunicação na história da humanidade. Xian, Nínive, Babilónia, Mileto, Atenas foram as maiores cidades da história e todas estas áreas de comunicação, com os seus edifícios, as suas gentes e todas as suas culturas, como as ágoras. A ágora era o principal local de comunicação pública no período Helenístico, situando-se no centro da cidade e abrindo toda a vida de lugares e ruas (Wycherley, 1993, 45). As pessoas costumavam reunir-se ali para falar, conversar, rezar, atuar, etc. As pessoas reuniam-se na ágora e partilhavam aí toda a sua vida.

As experiências históricas transformaram as necessidades sociais e os hábitos das pessoas em meios de comunicação ao longo da história. Os administradores criaram mercados coloridos e divertidos para fazer compras; foram construídos grandes templos para rezar; organizaram-se feiras ou festivais semanais para desfrutar; organizaram-se organizações desportivas para gastar as suas energias, etc. As pessoas comunicaram quando fizeram compras, rezaram, divertiram-se e gastaram energia, porque precisam de comunicar. As pessoas utilizam todas as possibilidades para comunicar, mesmo quando debatem, lutam ou fazem guerra, como nas Cruzadas. As cidades em expansão sentem a necessidade de áreas e instalações de comunicação, especialmente para os imigrantes que são estrangeiros na cidade e que se encontram numa crise psicológica. A criação de possibilidades de comunicação está diretamente relacionada com a urbanização.

O trabalho de urbanização incumbe a quem concebe e aplica a urbanização a responsabilidade de proporcionar as condições necessárias para as actividades sociais das pessoas na cidade. Num certo sentido, a cidade é um lugar onde as pessoas respondem a todas as suas necessidades sociais. Não só os corpos, mas também os espíritos das pessoas vivem numa cidade e querem encontrar todas as necessidades na cidade, mesmo que vivam num subúrbio. Os seus corpos precisam de abrigo, alimentação e vestuário, mas as suas almas precisam de mais do que isso. A alma precisa de moral e cultura. A comunicação é a primeira necessidade do ser humano ou da sociedade. Os locais de encontro, as ágoras, as praças dos fóruns, as feiras, os festivais, as galerias de arte, as salas de espectáculos, os parques foram criados devido à preocupação com a comunicação ao longo da história da humanidade.

A urbanização, que foi comummente aplicada na revolução industrial, causou mais funcionalidade do que beleza (Onur-Tanali, 2004, 23). A ideia de funcionalidade, derivada da urbanização, deixou para trás as filosofias do ornamento no processo de urbanização. Esta ideia influenciou não só a construção de cidades, mas também áreas culturais e sociais inteiras. Algumas cidades fascinantes foram erguidas com os seus magníficos edifícios, mas não conseguiram responder às necessidades psicológicas das pessoas, especialmente a comunicação. A comunicação é a principal necessidade dos imigrantes que deixam todas as suas raízes, relações, crenças e credos nas suas cidades abandonadas.

Quando os imigrantes migram para uma nova colónia, criam uma pequena cidade que se assemelha à sua cidade abandonada na sua nova terra, para não sentirem saudades e quererem regressar ao seu passado. Esta terra está obviamente fora da avenida principal e longe do centro da cidade e não foi adicionada ao trabalho de urbanização no início da migração. Os imigrantes comunicam normalmente com as pessoas que vivem na sua terra e não se aproximam dos citadinos que vivem no centro da cidade porque pensam que os citadinos são os outros. No início da migração, há uma certa distância entre os imigrantes e os habitantes das cidades. No final deste processo, surgem nas cidades expandidas algumas povoações diferentes e adversas que não conseguem comunicar com o centro da cidade. Isto pode ser definido como insuficiência de comunicação.

Para que uma cidade deste tipo e os seus habitantes funcionem, é necessário que haja uma oferta local adequada de serviços básicos e de usos, de modo a que, por exemplo, uma zona predominantemente residencial contenha também uma componente de usos que proporcionem emprego local, instalações comerciais, serviços de lazer e transportes públicos adequados, reduzindo a necessidade de as pessoas fazerem viagens de automóvel para satisfazerem as necessidades básicas da existência humana: trabalho, lazer, educação, compras, saúde e cuidados infantis (Greed, 1996, 241). As pessoas podem comunicar em qualquer lugar disponível, mas querem encontrar o melhor ambiente.

As pessoas que deixaram a sua cultura tradicional em locais abandonados, encontraram novos edifícios, novas pessoas e outras coisas novas, caíram em problemas culturais nas suas novas cidades e não conseguiram comunicar facilmente no início da sua migração, especialmente no século XIX. Naturalmente, todas as pessoas que vivem nas cidades precisam de locais, instrumentos e instalações de comunicação. Apenas casas, lojas, ruas, luzes e outras coisas não são suficientes para viver numa sociedade como seres humanos.

As cidades são as povoações mais populosas, onde vivem centenas de milhares de pessoas e onde se comportam milhares de personagens. Numa cidade, todas as pessoas precisam de outras como seres humanos, tal como nas aldeias ou vilas. Quando alguém sai de casa, procura um ambiente de comunicação para contar a sua vida, as suas opiniões, criticar a administração, refletir sobre a economia ou coscuvilhar sobre as pessoas, ou para aprender alguma coisa. As estradas, as ruas, os passeios, as praças, os mercados, os templos, são locais de comunicação para os citadinos, a menos que sejam incorretamente utilizados. Uma cidade torna-se civilizada e magnífica com as suas gentes e com o modo como estas transmitem as suas mensagens umas às outras. Uma cidade fascinante é o resultado de conhecimentos, opiniões e sentimentos.

De acordo com alguns autores, antigamente as pessoas encontravam mais locais e possibilidades de comunicação nas suas cidades. Na Turquia, há cerca de 40 anos, as ruas eram o local de brincadeira das crianças e o local de encontro das pessoas da região, quando todas as pessoas se conheciam numa cidade, mesmo numa pequena região (Ugur, 2003, 124). A comunicação torna-se mais fácil quando as pessoas se conhecem. Há algumas décadas, na Turquia, era mais fácil comunicar e as possibilidades de comunicação estavam praticamente criadas em todo o lado. Toda a cidade, com as suas partes onde as pessoas vivem, era uma área de comunicação em todo o lado. Porque, em primeiro lugar, querem comunicar com os outros, precisam do outro e precisam de partilhar a sua vida para se sentirem humanos.

No passado, as cidades foram concebidas e construídas com base no princípio da humanidade e, de um modo geral, as cidades tinham uma certa identidade e não migravam sobretudo porque as pessoas estavam satisfeitas na sua terra natal. Porque sabem quem são na sua terra natal. A identidade e os princípios são naturalmente fáceis de comunicar para as pessoas que se oferecem para viver numa cidade com outros habitantes da cidade, para se conhecerem e para comunicarem de qualquer forma.

Quando as pessoas viviam em cavernas, comunicavam com as gerações futuras e entre si através de pinturas rupestres, tendo depois sido utilizadas outras línguas para comunicar. Por volta dos séculos XIV e XV, alguns escribas comerciais começaram a produzir livros em línguas vernáculas, numa altura em que as pessoas se instalavam nas cidades. Uma nova técnica consistia em utilizar uma peça metálica separada para cada letra do alfabeto e colocá-las e retirá-las de uma forma de madeira que pudesse ser utilizada repetidamente. Isto levou à impressão de folhetos, panfletos, folhas largas e outras publicações exigidas por uma classe média cada vez mais letrada nos séculos XV e XVI (Buckalew-Wulfemeyer, 2000, 61). A procura, o esforço e a técnica gerados para produzir jornais. As pessoas começaram a utilizar os meios de comunicação social, pelo menos para se informarem sobre a cidade em que viviam.

As pessoas têm utilizado muitos instrumentos e linguagens para transmitir as suas mensagens e partilhar os seus sentimentos e, além disso, para aprender outras mensagens, para comunicar em breve. Para compreender as pessoas, alguém coloca a seguinte questão: o que é que as pessoas partilham com frases, teorias e poemas para justificar a sua inclusão no domínio da compreensão (Schweder-LeVive, 2003, 204). Apesar de parecer complexa e difícil, esta pergunta tem uma resposta óbvia que é a comunicação. As pessoas utilizaram um grande número de instrumentos e línguas para comunicarem entre si, quer vivessem em províncias ou cidades.

A proteção dos valores culturais, que são a base da vida humana, e a criação de condições de comunicação estão relacionadas com leis adequadas e com a criação de possibilidades económicas (Łeqener, 1995, 147). A urbanização e a criação de condições sociais para os habitantes da cidade são da competência dos administradores. Quando uma cidade é concebida e planeada, os arquitectos e sociólogos têm de pensar nas necessidades das pessoas antes dos administradores, como aconteceu na Barcelona de Antonio Gaudi.

O período de planeamento na Turquia, iniciado em 1959 com a lei 7367, teve um papel importante na resolução de alguns problemas de urbanização, especialmente no que diz respeito às barracas (Kclcs, 2000, 395). Mas parece que os planos não serviram para resolver o problema da urbanização na Turquia, devido à expansão adversa de cidades como Istambul, Ancara, Adana, Diyarbakir, Van e outras na Turquia. A maior parte da migração foi observada após 1950 na Turquia e as formas e condições de muitas cidades foram alteradas em todo o país.

A migração foi estudada muitas vezes como tema de teses ou conceito de ensaios, mas os seus resultados foram sobretudo procurados e descritos, em vez das suas razões. As razões da migração são eixos da questão que podem ser resolvidos removendo as razões de facto. As razões pelas quais os imigrantes nunca pensaram em procurar e satisfazer-se com as suas possibilidades nas províncias ou na sua terra natal estão fora das cidades. Os imigrantes não pensaram em utilizar as matérias-primas nas províncias, produzir produtos de qualidade e contentar-se com eles. A maior parte das vezes, pensaram em emigrar para cidades maiores e quiseram encontrar o conforto com que sonhavam.

A urbanização provoca naturalmente uma nova migração e as cidades começam a conter um grande número de migrantes. Uma vez que a migração é fonte de muitos problemas sociais, também causa mudanças na cultura da cidade e problemas culturais por não proteger os valores tradicionais (Sami, 1999, 136). As migrações excessivas e repentinas causam não só problemas em série, como a insuficiência de habitações e a má imagem da cidade, mas também a desilusão dos habitantes da cidade. A migração gera geralmente um desacordo entre os imigrantes e os habitantes da cidade, particularmente no início da migração. Enquanto os imigrantes não se adaptarem às regras da cidade, o desacordo pode transformar-se naturalmente numa discussão.

Poucas cidades conseguiram criar a sua própria cultura original e ofereceram equipamentos sociais suficientes aos seus habitantes. Muitas cidades que foram ocupadas por migrantes puderam oferecer instalações culturais superficiais e possibilidades de comunicação insuficientes. A cultura de massas formou-se devido à migração e à urbanização não sistemática e esta cultura afectou a comunicação e os instrumentos de comunicação (Matterlart, 2003, 99). Os meios de comunicação social, que têm como objetivo que as massas urbanas passem o tempo de forma rápida e fácil e se divirtam, tornaram-se produtores e portadores da cultura de massas. Os romances fotográficos, os espectáculos de variedades, os cabarés, os musicais, os melodramas, as canções populares, os talk shows, as sitcoms e os espectáculos de stand up têm entretido os habitantes da cidade, mas não são utilizados para comunicar entre si.

Há um grande número de cidades com mais de 10 milhões de habitantes, mas a maioria delas contém pessoas problemáticas nos seus apartamentos bem decorados e equipamentos de alta tecnologia. Todas as instalações à sua volta não são suficientes para que vivam como pessoas civilizadas. Em primeiro lugar, precisam mais de uma atmosfera de comunicação e de instrumentos de comunicação do que de edifícios magníficos.

O primeiro problema na expansão das cidades após a migração não é encontrar abrigo, refeição ou desemprego, mas sim a comunicação. As pessoas podem abrigar-se, encontrar refeições, encontrar emprego ou até divertir-se, mas se não encontrarem uma atmosfera de comunicação e instrumentos de comunicação, podem cair em grandes problemas. Porque não se sentem como seres humanos e não sentem que vivem numa sociedade. A sociedade é o resultado da comunicação.

Uma comunicação eficaz diz respeito a formas e linguagens de comunicação verdadeiras e a meios de comunicação reais. Existem muitos meios de comunicação na era moderna e todos eles tentam tornar-se estruturas organizacionais devido às condições globais.

ORGANIZAÇÃO ENTRE PESSOAS

As pessoas têm de viver juntas e têm de criar organizações sociais devido ao carácter da sociedade. A sociedade é uma parceria de organizações comunitárias e os valores e crenças sociais criam organizações sociais. As organizações culturais e as organizações económicas e as organizações educativas e outras estão na base da estrutura social (Hollenbeck e Mannor, 2008, 726). A organização facilita o trabalho e proporciona às pessoas um ambiente seguro e aumenta a solidariedade.

A pertença a um grupo social dá-nos um conjunto de estatutos e etiquetas de papéis que permitem às pessoas saber o que esperar umas das outras - tornam-nos mais previsíveis. No entanto, é comum as pessoas terem vários estatutos e papéis que se sobrepõem. Este facto torna os encontros sociais potencialmente mais complexos. Uma mulher que é mãe de algumas crianças pode ser tia ou avó de outras. Ao mesmo tempo, pode ser esposa de um ou mais homens e, muito provavelmente, é filha e neta de várias outras pessoas. Para cada um destes vários estatutos de parentesco, espera-se que ela desempenhe um papel algo diferente e que seja capaz de alternar entre eles instantaneamente. Por exemplo, se estiver a ter uma conversa com a mãe e a filha mais nova, é provável que se submeta educadamente à primeira, mas que seja conhecedora e esteja "em controlo" com a outra. Estes comportamentos relacionados com os papéis mudam tão rapidamente quanto ela vira a cabeça para um ou para o outro. No entanto, as suas relações pessoais únicas podem levá-la a pensar e a agir de forma diferente do que seria culturalmente esperado. Por outras palavras, a pertença a um grupo social dá-nos um conjunto de etiquetas de papéis que permitem que as pessoas saibam o que esperar umas das outras, mas nem sempre são etiquetas rígidas para o comportamento (Palomar, 2016). Alguém que faz parte de uma sociedade vive mais seguro num grupo social do que numa vida individual.

A organização necessita naturalmente de uma estratégia. O modelo de negócio e a estratégia são mutuamente dependentes. O modelo descreve como o valor será criado e a estratégia adquire as capacidades necessárias (Phillips, 2011, 927). A organização tem uma missão e geralmente tem um líder para orientar a estratégia. As organizações proporcionam aos indivíduos a adaptação à sociedade.

Para além da adaptação cultural e educativa, as organizações proporcionam a dinâmica económica da sociedade e criam sistemas económicos na sociedade. O sucesso das organizações depende da sua capacidade de responder às condições particulares do mercado (a procura pode ser maior ou menor do que o esperado) e às condições operacionais (um trabalhador pode estar doente, pode ocorrer um atraso inesperado) e da sua capacidade de adaptar os seus produtos ou serviços às características particulares dos consumidores ou às suas necessidades em mudança (Dessein e Santos, 2006, 962). Uma organização considera muitos factores para atingir o objetivo.

As organizações foram concebidas para satisfazer a procura de grandes volumes de produtos normalizados em diferentes níveis de incerteza, com o objetivo de proporcionar estabilidade e previsibilidade (Yoo e outros, 2006, 219). Alguns académicos de gestão estratégica lamentaram a natureza díspar e ambígua deste campo. Mas como é que essas preocupações podem ser conciliadas com o sucesso substancial que a gestão estratégica tem tido ao longo do último quarto de século? A aparente fraqueza da gestão estratégica parece ser a sua força. As suas fronteiras amorfas e o pluralismo inerente funcionam como um terreno comum para os académicos prosperarem como uma comunidade, sem serem constrangidos por um colete de forças teórico ou metodológico dominante (Nag e outros, 2007, 938). Organizações símbolos de comunidade e solidariedade.

Muitas organizações são concebidas como hierarquias, com cada gestor a reportar a um e apenas um gestor no nível superior seguinte. Dentro da estrutura hierárquica, existe uma variação considerável no número de níveis e no conjunto de actividades agrupadas. Os dois principais agrupamentos são "divisionais" e "funcionais". Outras organizações utilizam uma estrutura matricial em que cada gestor de baixo nível reporta a dois ou mais superiores (Harris e Raviv, 2002, 859). As organizações económicas dirigem a economia e criam dinâmicas económicas.

Todos os grupos sociais estão ligados a organizações sociais. As organizações sociais respondem às necessidades dos grupos sociais (slideshare.net, 2016).

A socialização organizacional é o processo pelo qual um indivíduo adquire as atitudes, o comportamento e o conhecimento de que necessita para participar como membro de uma organização. Envolve tanto a tentativa de uma organização de moldar os novos empregados para que se adaptem às suas necessidades como a tentativa de um empregado de definir um papel aceitável para si próprio dentro da organização. Este processo é importante devido ao seu impacto potencialmente forte e duradouro nos comportamentos e atitudes dos empregados, e porque é uma das principais formas de manutenção da cultura organizacional (Morrison, 2002, 1156). As organizações sociais definem o carácter dos indivíduos e dão-lhes uma identidade.

Estrutura organizacional

Todas as organizações têm uma estrutura de gestão que determina as relações entre as diferentes actividades e os membros, e subdivide e atribui funções, responsabilidades e autoridade para a realização de diferentes tarefas. As organizações são sistemas abertos, o que significa que afectam e são afectadas pelo seu ambiente (Vafai, 2010, 181). As estruturas organizacionais podem variar de simples a complicadas (Pontikes, 2012, 111). Qualquer organização estrutura-se em função do seu carácter e dos seus objectivos.

As estruturas organizacionais podem ser classificadas, em termos gerais, nos seguintes tipos/formas:
1- Estrutura organizacional de linha.
2- Estrutura de organização funcional.
3- Estrutura de organização da linha e do pessoal.
4- Estrutura organizacional matricial.

5- Estrutura organizacional do comité.

Para além dos tipos, existem estratégias orgazinacionais:

1- Estratégia de Liderança de Custos: Tem como objetivo atrair clientes com preços baixos que são possíveis graças a custos baixos.

2- Estratégia de diferenciação: Tem como objetivo atrair clientes com bens e serviços únicos ou distintivos.

3- Estratégia de liderança focada no custo: Tem como objetivo atrair um tipo de cliente ou grupo de clientes com um produto de baixo custo.

4- Estratégia de diferenciação focalizada: Tem como objetivo atrair um tipo de cliente ou grupo de clientes com um produto diferenciado.

A estrutura organizacional afecta o comportamento das empresas através de, pelo menos, dois canais. Em primeiro lugar, a estrutura pode ter um efeito nas medidas de desempenho de toda a empresa, como a rendibilidade ou a rapidez na adoção de inovações que aumentem a produtividade. Estas características de desempenho, por sua vez, influenciam o comportamento, quer porque entram nos planos e cálculos da gestão, quer porque as pressões de seleção competitiva actuam de forma diferente nas organizações, de acordo com o seu desempenho. Em segundo lugar, a estrutura da empresa pode ter consequências para os indivíduos ou unidades operacionais que compõem a organização. Além disso, as mudanças nas circunstâncias externas - o ambiente económico ou social - podem produzir ajustes dinâmicos nos padrões internos de comunicação e conexão da empresa (DeCanio e outros, 2000, 1289). As condições contemporâneas implicam geralmente uma alteração da estrutura organizacional.

A estrutura organizacional preocupa-se sobretudo com a conta de ganhos e o balanço de receitas e despesas. Durante a organização, são efectuadas contas detalhadas e é contabilizado o maior ganho possível (Klein e Saidenberg, 2010, 144). A estrutura organizacional contém desenvolvimentos económicos, sociais, culturais e políticos e deve ser definida uma estratégia consistente para o sucesso. A estratégia organizacional define o sucesso da organização e afecta os ganhos da organização (Lai e Limpaphayom, 2003, 751). A conjuntura global forma geralmente a estrutura organizacional e a política global orienta a estrutura.

Existe um organigrama simples da estrutura dos meios de comunicação social (www.slideshare.net, 2016):

EDITORIAL DEPARTMENT (CONSUMER MAGAZINE)

MEIO E MEIOS

As pessoas estão sempre interessadas no mundo trancendental e querem aprender sobre o inglório e algumas pessoas usaram intermediários para aprender e chamaram-lhes médium (Kodish, 2013, 445). Os médiuns usavam o método trans e concentravam-se num tópico que queriam abordar e transmitiam-no às pessoas com o seu poder espiritual. O médium é o homem que usa o seu poder espiritual mais do que os outros (Williams, 1975, 122). O médium conta muitas realidades com o seu poder místico e os médiuns são pessoas de confiança em algumas culturas.

Os media são os principais componentes da vida moderna e os instrumentos mais populares do século XXI. Os meios de comunicação social são seguidos por muitas pessoas e têm uma soberania sobre as pessoas, orientam a vida quotidiana e afectam os administradores do mundo devido ao seu poder de atração. Os media apresentam às pessoas mundos fantásticos e levam-nas a imagens atraentes, afastando-as dos seus problemas e desviando-as (Chrisman, 2013, 75). Devido aos efeitos dos media, estes são considerados as principais referências na vida e são utilizados como fontes de conhecimento e de notícias e desenvolvimentos pelas pessoas.

A origem da palavra médium é latina e significa intermediário ou instrumento ou porteiro ou algo que se encontra entre dois componentes (Smith e Kosslyn, 1980, 251). Tudo o que era utilizado para transmitir ou receber algo era designado por médium na Antiguidade e era admirado pelas pessoas devido à sua função. O meio era utilizado como uma forma e um instrumento para obter conhecimentos e outras mensagens de que as pessoas necessitavam (Morse, 2008, 22). O médium era naturalmente tão importante como os meios de comunicação social no passado como os meios de comunicação social são importantes recentemente.

Havia muitas dificuldades nos tempos antigos e a vida era mais pesada do que nos tempos recentes e as pessoas precisavam de mais conhecimentos para sobreviver no passado. Por causa das condições, as pessoas também precisavam de aprender o futuro e de aprender o mundo desconhecido e procuravam facilidades para aprender (Winterer, 2010, 11). As necessidades geraram muitas facilidades, como todas as experiências humanas.

Existe um processo de comunicação clássico na teoria da comunicação e há 5 componentes principais num processo de comunicação clássico: o emissor, o meio, a mensagem, o destinatário e o feedback. O meio é uma das principais componentes do processo de comunicação e é utilizado para transmitir a mensagem do emissor para o recetor, mas o meio nunca envia a mensagem. O meio é uma espécie de forma pela qual a mensagem é transmitida do emissor para o recetor e o meio é, na verdade, um componente objetivo do processo de comunicação (Myers, 2015, 101). O carácter do meio é naturalmente importante para a produtividade do processo de comunicação e um meio disponível leva naturalmente a mensagem ao recetor com sucesso.

As pessoas interrogam-se sempre sobre o mundo desconhecido e querem aprender o futuro e precisam de instrumentos ou de alguém que obtenha conhecimentos ou mensagens do mundo trancendental para as pessoas e que transmita as mensagens que as pessoas querem aprender. Algumas pessoas aplicavam a astronomia e as existências no céu ou aplicavam as estrelas e a sorte e utilizavam alguns instrumentos para obter conhecimentos ou mensagens (Wurgaft, 2013, 45). Algumas pessoas que eram chamadas de médiuns ajudavam as pessoas a aprender o desconhecido ou a aprender o futuro no passado. O médium é sobretudo conhecido como alguém que transmite mensagens de existências trancendentais às pessoas e as pessoas querem usar o médium para obter conhecimento sobre o futuro ou sobre a vida (Rahaghi, 2012, 176). O médium tem um poder extraordinário para obter conhecimentos sobre o desconhecido e sobre o futuro e as pessoas admiram naturalmente o poder do médium.

Na verdade, o meio é a forma como a mensagem é transmitida do remetente para o destinatário. Os meios de comunicação têm uma função como meio e recebem a mensagem de uma fonte e transmitem-na às pessoas, mas há alguns problemas em alguns casos. O meio ou os media podem intervir na mensagem e podem alterá-la ou obscurecê-la (Troset e DeLoache, 1998, p. 957). A intervenção dos meios de comunicação na mensagem provoca uma discussão sobre a fiabilidade dos meios de comunicação e prejudica a fiabilidade dos meios de comunicação.

Um facto central da vida organizacional contemporânea é a utilização rotineira de meios de comunicação que dependem da tecnologia de informação informática em rede sob o controlo de utilizadores individuais. O primeiro atributo?largura de banda social?capta aspectos da utilização dos meios de comunicação relacionados com a presença e a transmissão de informação social, que inclui tanto pistas de identidade social como pistas relacionais. O segundo atributo é a interatividade, que delineia os elementos temporais de uma mudança de comunicação utilizando um determinado meio. A interatividade capta a taxa de transmissão da mensagem e o padrão de respostas proporcionado pelo meio de comunicação, bem como a velocidade com que ocorre o feedback. Um outro componente da interatividade encontra-se na distinção entre formas de comunicação assíncronas e síncronas. Em terceiro lugar, os media variam na medida em que a comunicação permite a vigilância por partes externas (aqueles que estão para além da díade agente-alvo mas que podem ter um interesse na tentativa de influência) (Barry e Fulmer, 2004, 276). Claramente, os atributos dos media discutidos acima têm uma certa realidade objetiva - inerente às propriedades estáticas dos próprios media - mas também podem ser representados como características dinâmicas e socialmente construídas dos media por um comunicador individual.

Existem muitas pessoas diferentes na Terra, diferentes personagens vivem no mundo e comunicam entre si, transmitindo numerosas mensagens aos outros. O tráfico de seres humanos é uma das principais preocupações da política internacional do século XXI. Embora o tráfico de seres humanos seja frequentemente confundido com o tráfico de seres humanos e a migração, uma vez que estas práticas também envolvem a deslocação de pessoas, existem diferenças importantes entre elas. O "Protocolo das Nações Unidas para Prevenir, Reprimir e Punir o Tráfico de Pessoas, Especialmente Mulheres e Crianças, Suplementando a Convenção das Nações Unidas contra o Crime Organizado Transnacional" (também conhecido como Protocolo de Palermo) define "tráfico de pessoas" como "o recrutamento, transporte, transferência, transferência, alojamento ou acolhimento de pessoas, recorrendo à ameaça ou uso da força ou a outras formas de coação, ao rapto, à fraude, ao engano, ao abuso de autoridade ou à situação de vulnerabilidade ou à entrega ou aceitação de pagamentos ou benefícios para obter o consentimento de uma pessoa que tenha autoridade sobre outra, para fins de exploração." Em suma, as características que definem o tráfico são, em primeiro lugar, o transporte de uma pessoa; em segundo lugar, a força, a fraude ou a coação; e, por último, a exploração. Por esta definição, o consentimento de uma pessoa é irrelevante (Parrenas e outros, 2012, 1023). Numa sociedade, todos precisam dos outros e quase todos pertencem a um grupo social que executa a vida boémia. O meio é um instrumento que transmite mensagens de uma pessoa para outra e os media são instrumentos que recolhem mensagens do mundo e as transmitem às pessoas ou produzem algumas mensagens organizacionais e as transmitem.

O meio é um dos principais componentes do processo clássico de comunicação:

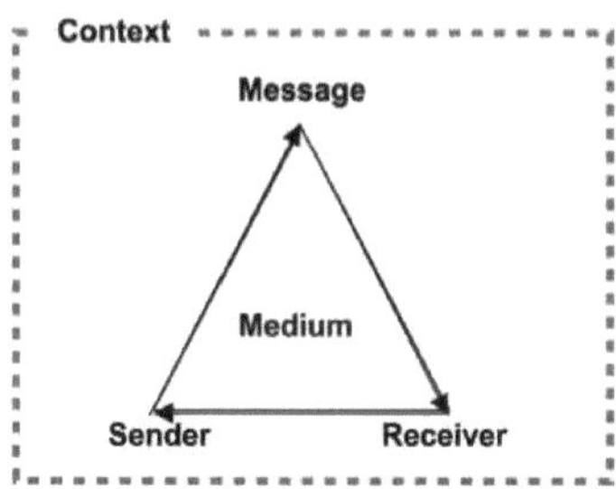

Função dos meios de comunicação

A terra esteve intacta durante muito tempo desde o início e o homem alterou a terra para a sua vida e a tecnologia alterou a terra para outra forma. As pessoas não conheciam os media na cultura tradicional rural antes da Revolução Industrial e antes dos desenvolvimentos tecnológicos e não conheciam os acontecimentos globais, mas viviam numa cultura tradicional e em paz. Conheceram os primeiros media após a revolução tecnológica nas cidades e criaram uma nova cultura urbana com os media. Os meios de comunicação social abriram uma janela global e ampla para as pessoas, que começaram a aprender muito através dos meios de comunicação social e aprenderam uma nova cultura através dos meios de comunicação social.

Os meios de comunicação social proporcionaram muitas facilidades para que as pessoas aprendessem numerosos conhecimentos, opiniões e abordagens e se divertissem ao mesmo tempo que aprendiam. As pessoas aprenderam a agenda e as informações cíclicas e encontraram as suas expectativas espirituais nos meios de comunicação social e fizeram diferentes viagens a diferentes mundos informativos e espirituais. Os meios de comunicação social realizaram numerosos sonhos e imaginações das pessoas e alargaram a visão espiritual das pessoas (Bertrand, 1978, 205). Muitas produções diferentes foram transmitidas nos media e as pessoas assistiram à diversidade.

Muitas pessoas interessam-se pelos meios de comunicação social para ver algumas pessoas famosas que se preocupam com as suas vidas e muitas pessoas tentam utilizar os meios de comunicação social devido ao seu poder e ao seu impacto na Terra. Políticos, homens de negócios e cantores são as personagens principais das produções mediáticas e muitas outras pessoas tentam ser heróis dos media recentemente (Wilhoit, 1969, 317). As pessoas que precisam de fama e que precisam de ser conhecidas por muita gente querem contactar os media e os media querem contactá-las para produzir produções coloridas que atraiam facilmente as pessoas.

Embora os livros, as cartas e o cinema também sejam definidos como meios de comunicação social, os meios de comunicação social contemporâneos são os jornais, as revistas, a rádio, a televisão e a Internet. Quase todas as pessoas no mundo conhecem os meios de comunicação social e a maior parte delas utiliza-os no seu quotidiano. Um grande número de pessoas utiliza os meios de comunicação social no seu quotidiano para se informar sobre as notícias ou para aprender a agenda ou para se sentir na sociedade, observando os desenvolvimentos sociais (Mutz e Martin, 2001, 111). Muitas pessoas utilizam os meios de comunicação social para saberem notícias sobre o mundo, mas muitas pessoas também os utilizam para se divertirem e passarem um tempo agradável. Os media tornaram-se um instrumento da cultura popular que produz produções simples e rapidamente consumidas (Cereci, 2010, 58). Os media apresentam produtos da cultura popular em formas coloridas e tentam as pessoas a viver uma vida simples e agradável. Devido à cultura, as tendências e as formas também mudam.

Os media são os instrumentos que transmitem muitas mensagens de um lado para o outro e mudam posições de opiniões ou decisões de alguém para alguém e levam as pessoas à vida social e a uma atmosfera imaginária e agradável no mundo. Os media são uma fonte de conhecimentos e opiniões e um movimento social devido aos seus conteúdos (Flowers e outros, 2003, 270). Os meios de comunicação social estão presentes na vida das pessoas com as suas notícias e opiniões, com imagens, com vozes e com muitas impressões diferentes durante cerca de 300 anos e as pessoas formam as suas vidas sobretudo através dos meios de comunicação social.

Os primeiros jornais entraram na vida das pessoas no início do século XVII como componentes surpreendentes e excitantes. Eram jornais incolores, mas cheios de notícias que as pessoas se perguntavam e pelas quais se interessavam. Os primeiros jornais satisfaziam muito as pessoas devido ao seu conteúdo suficiente como primeiro meio de comunicação social (Camp, 1935, 84). Os primeiros meios de comunicação social respondiam a muitas exigências sociais das pessoas que viviam em meio urbano e que precisavam de aprender o que era atual e de comunicar com os outros. Os media eram sobretudo úteis para as necessidades culturais das pessoas que se mudaram para as zonas urbanas e deixaram as suas culturas tradicionais nas zonas rurais no início da era urbana (Loevinger, 1973, 309). Os meios de comunicação social são vistos, em primeiro lugar, como os instrumentos que divulgam as notícias diárias e as condições dos outros numa sociedade.

No início da era dos media, as pessoas consideravam os meios de comunicação como fonte de conhecimento através das notícias e aprendiam muitas opiniões e impressões através de artigos. Os meios de comunicação social tornaram-se os principais componentes da vida social e as pessoas já não podiam evitá-los devido às suas necessidades (Holmes, 1961, 251). As pessoas eram afectadas pela seriedade e integridade dos meios de comunicação social nas condições do primeiro período dos meios de comunicação social e confiavam nos meios de comunicação social como referências sérias. No início, os media tinham uma função de informação social e respondiam às necessidades de informação das pessoas, proporcionando-lhes uma atmosfera social e instalações agradáveis.

Os jornais, a rádio e as revistas sobreviveram como componentes fundamentais da vida durante muito tempo e apresentaram às pessoas informações sobre o mundo e a vida. Falavam de política, de economia, de arte, de desporto, de acontecimentos actuais e transmitiam opiniões importantes através de artigos de autores (Barabas e Jerit, 2009, 86). Havia menos cores e imagens nos media devido à tecnologia e os media estavam longe da cultura popular, que era divertida e barata.

É possível afirmar que, no século XXI, os meios de comunicação social têm a maior soberania do mundo e podem orientar facilmente as pessoas através das suas mensagens. Milhares de milhões de pessoas, desde as zonas rurais até às urbanas, interessam-se pelos meios de comunicação social e têm em conta as suas mensagens, formam as suas vidas com base nos meios de comunicação social e tomam decisões com base nas mensagens dos meios de comunicação social. Os administradores também utilizam os media para administrar o seu público e para persuadir as pessoas. Os meios de comunicação social têm um grande poder para colocar abordagens contemporâneas nas percepções das pessoas e os meios de comunicação social permitem que as pessoas percebam as mensagens como pretendem.

No atual ambiente de convergência dos meios de comunicação social, que esbate as fronteiras entre os diferentes tipos de meios de comunicação social, são necessárias novas formas de governação dos meios de comunicação social que realcem a perspetiva das audiências como partes interessadas relevantes. Qualquer tentativa de avaliar o desempenho dos sistemas de comunicação social ou de um único meio de comunicação social, que não inclua a perspetiva da audiência, só pode abordar funções normativas ou funções potenciais; no entanto, não consegue apreender as funções reais tal como são realizadas pelos utilizadores finais dos meios de comunicação social. As qualidades dos media (sendo a diversidade dos media uma delas) ou o valor público devem ser conceptualizados como funções comunicativas efetivamente realizadas. Isto significa que temos de envolver os próprios utilizadores dos media no processo de definição e avaliação dos critérios de qualidade (Hasebrink, 2011, 328). Eventualmente, os media têm muitos efeitos diferentes e muitos papéis diferentes na dinâmica social.

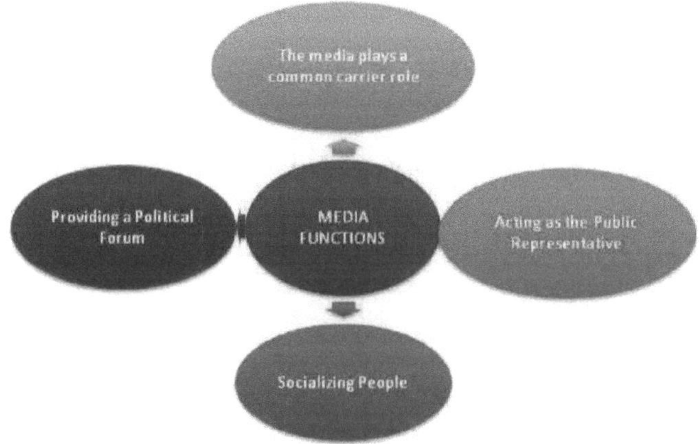

Pluralismo através dos media

Desde o início, as pessoas sempre desejaram viver em paz, falar o que pensam, comunicar com quem querem e aprender o que querem numa sociedade. As exigências e as reivindicações que as pessoas anseiam são, na verdade, requisitos da democracia e a democracia é responsável pelos direitos e requisitos das pessoas. A democracia é um sistema que torna as pessoas pacíficas e satisfeitas e que lhes proporciona os seus direitos básicos (Sheerman, 1971, 314). A democracia implica a utilização de diferentes instrumentos, desde os tradicionais aos modernos, para proporcionar às pessoas as condições disponíveis.

Alguns Estados estão a voltar-se cada vez mais para a democracia direta devido aos interesses das minorias, ao conhecimento e comportamento políticos e aos efeitos dos meios de comunicação social no mundo, que são mais estudados no século XXI. As abordagens pluralistas tornaram-se populares através dos meios de comunicação social no mundo em que as pessoas de todo o mundo se conhecem e geram uma base de pluralismo através dos meios de comunicação social que interessam a milhares de milhões de pessoas diferentes (Smith e Tolbert, 2007, 433). Os media são instrumentos de variedade e têm grande poder para persuadir muitas pessoas sobre o pluralismo e a democracia.

A democracia não é um sistema de um grupo social, mas um sistema de todos os grupos, que proporciona as mesmas facilidades a todos e mantém todos os direitos numa sociedade. A democracia pluralista é mais responsável e mais cuidadosa no que diz respeito à manutenção dos direitos, à igualdade e à objeção à discriminação. A democracia pluralista garante a igualdade e todos os direitos das minorias. Os meios de comunicação social fornecem numerosos materiais, como notícias, ensaios, séries ou música, para que todas as pessoas conheçam os outros, compreendam os outros e considerem os outros (Joshi e Mason, 2007, 409).

Os meios de comunicação social estão sempre interessados na política e nos regimes políticos devido aos numerosos materiais sobre política e utilizam quase todos os materiais sobre política e sobre políticos. Por vezes, os media mencionam diferentes regimes e o desempenho dos administradores e as vantagens ou desvantagens dos sistemas políticos e podem familiarizar as pessoas com abordagens contemporâneas (Price, 2009, 492). Os meios de comunicação social têm muitas produções diferentes para utilizar tópicos e abordagens num estilo compreensível e o pluralismo e a democracia pluralista podem ser introduzidos através dos meios de comunicação social.

A democracia pluralista dificilmente se desenvolveu devido às abordagens racistas e às tentativas ditatoriais no mundo, e muitas pessoas foram prejudicadas devido às suas raças ou às suas convicções. As pessoas racistas ou os ditadores também utilizaram os meios de comunicação social para atingir os seus objectivos e os meios de comunicação social tornaram-se frequentemente populares devido a objectivos do passado (Woodberry, 2012, 266). Muitas pessoas resistiram ao pluralismo, mas mais pessoas aprovaram o pluralismo e consideraram-no. Os meios de comunicação social proporcionam frequentemente um ambiente propício ao pluralismo e permitem que as pessoas exprimam facilmente as suas opiniões, e os meios de comunicação social dispõem de meios suficientes para gerar uma base pluralista.

Os meios de comunicação social são considerados os componentes sociais e políticos mais importantes da vida social e as principais fontes das abordagens contemporâneas dos últimos tempos. Os meios de comunicação social têm uma soberania sobre as pessoas e devenir sobre o regime político e têm um poder que pode alterar as decisões dos políticos. A soberania dos meios de comunicação social é aprovada pela maioria da sociedade e também pelos políticos, e os meios de comunicação social orientam geralmente as pessoas sobre as suas vidas e o seu futuro (Aarts e Semetko, 2003, 777). Existe uma oportunidade valiosa para informar as pessoas sobre a democracia pluralista através dos media.

Muitas abordagens e programas políticos são aplicados através dos media e os conteúdos são determinados pelos media no mundo. As mensagens dos media interessam às pessoas que exigem melhores condições e melhores instalações e que querem conhecer os acontecimentos e desenvolvimentos contemporâneos e as mensagens são importantes para as suas vidas. As pessoas aprendem sobretudo o que querem saber através das notícias e também têm impressões através dos media (Domke e outros, 2000, 645). As pessoas aprendem e compreendem o carácter e a qualidade da democracia também através dos meios de comunicação social e os meios de comunicação social têm a responsabilidade de informar as pessoas sobre a democracia.

A democratização é um processo árduo que comporta muitas objecções e dificuldades e que se depara frequentemente com abordagens primitivas. Muitas pessoas ou grupos são dissidentes da democracia pluralista devido aos seus benefícios, e até o governo pode objetar à democracia. A democracia pluralista pode desenvolver-se quando as pessoas aprendem as impressões e opiniões dos outros e as consideram (Epstein e outros, 2006, 561). Os media têm um papel importante na transmissão de impressões e opiniões. Milhares de milhões de pessoas interessam-se pelas opiniões ou culturas dos outros e pelas abordagens dos outros.

A sociedade é uma comunidade constituída por numerosas componentes e pela solidariedade do pluralismo numa base democrática. A democracia está diretamente relacionada com o pluralismo e a democracia pluralista é um indicador do desenvolvimento de uma sociedade (Conn, 1973, 249). A democracia utiliza diferentes instrumentos para proporcionar às pessoas um ambiente sem restrições e facilidades para falar e comunicar. Um dos instrumentos mais eficazes da democracia são os meios de comunicação social, que transmitem muitas mensagens de povo para povo.

Cada sociedade desenvolve-se e organiza-se com todas as suas componentes e qualquer componente da estrutura social tem de contribuir para outra. Todas as dinâmicas sociais e componentes culturais, económicas e educativas devem estar em concordância para o desenvolvimento social. É possível observar que o desenvolvimento social se processa rapidamente nas sociedades pluralistas (Weiss e outros, 2001, 425). O pluralismo faz com que o conhecimento e a acumulação se processem entre diferentes componentes sociais e os meios de comunicação social têm um papel importante na transmissão de mensagens pluralistas às pessoas. As mensagens dos meios de comunicação social são maioritariamente percebidas como realidade em muitas sociedades do mundo e são utilizadas para ter uma agenda na conjuntura diária.

Os media são aprovados como a principal fonte de agenda de uma sociedade nas condições contemporâneas. O desenvolvimento da sociedade depende de diferentes factores, mas dois dos mais importantes são a partilha e a assistência em qualquer situação. A partilha e a assistência são mais importantes nas sociedades pluralistas devido à partilha plural e aos numerosos conhecimentos e experiências. Por conseguinte, o pluralismo é a base do desenvolvimento (Cem, 2007, 484). O princípio da partilha é a consciência do pluralismo e da democracia.

O pluralismo e a democracia são abordagens contemporâneas que permitem às sociedades orientar as suas vidas e o seu futuro. A vida social molda-se devido a diferentes factores, desde a história à economia, e o regime político afecta diretamente a vida social. A democracia está diretamente relacionada com a participação na vida social, mesmo na vida laboral, e preocupa-se em respeitar todos os direitos dos outros. A democracia desenvolve-se com a pluralidade de pessoas que participam na vida democrática e que contribuem para o pluralismo (Crowder, 2007, 137). A participação na democracia é facilitada pelos meios de comunicação social devido às suas inúmeras possibilidades.

O pluralismo é uma abordagem que defende o direito de todos, mesmo das minorias, e permite que todos sejam soberanos. A restrição dos direitos das minorias pela maioria é o maior perigo para uma sociedade e o pluralismo luta contra esse perigo (Moore, 2009, 249). De acordo com o pluralismo, toda a gente tem direitos fundamentais e não existe qualquer obstáculo à utilização dos direitos. No pluralismo, o governo não pode decidir precipitadamente e tem de calcular todas as condições e todos os direitos das etnias.

São poucas as sociedades que não contêm etnias ou variedades no mundo e preferem viver em pequenos mundos fechados às variedades. As estruturas fechadas às variedades podem surgir em paz, mas estão naturalmente longe do dinamismo e da civilização devido à falta de etnias. As etnias fornecem muitos conhecimentos, abordagens e efeitos culturais diferentes a uma sociedade e são a base da civilização. A civilização é o resultado da partilha e da produção colectiva e de um total de variedades. O pluralismo é uma das principais bases da civilização devido à sua variedade.

As sociedades que contêm algumas etnias podem viver em paz e constituir civilizações valiosas no mundo e as etnias podem utilizar as suas acumulações tradicionais para a civilização. A democracia pluralista oferece facilidades às etnias e respeita os direitos de todas as pessoas, mesmo das minorias, e rejeita o domínio absoluto da maioria. Todos os acontecimentos e desenvolvimentos políticos e económicos se reflectem na face dos meios de comunicação social e as pessoas aprendem e avaliam a situação atual através dos meios de comunicação social sobre as pessoas e também sobre as etnias e sobre o pluralismo (Roof, 2007, 93). Os meios de comunicação social têm muitas possibilidades de transmitir às pessoas todas as componentes do pluralismo e de contar as virtudes do pluralismo.

O pluralismo gera uma atmosfera que reconhece todas as etnias num ambiente pacífico e domina mesmo as componentes ofensivas, proporcionando componentes para a compreensão mútua (Bickford, 1999, 104). O pluralismo utiliza geralmente a face inteligente dos media para gerar efeitos positivos e criar um ambiente de paz.

As pessoas procuraram a paz desde o início e, por vezes, lutaram pela paz e tentaram estabelecer as bases da vida colectiva. O pluralismo é uma abordagem disponível para viver em paz e gerar uma sociedade civilizada, mas é uma formação frágil que pode ser afetada até mesmo por catástrofes naturais. O pluralismo implica sempre tolerância, compreensão e clarividência para salvar a estrutura plural (Hecht, 2007, 144). Os meios de comunicação social dispõem de grandes ecrãs que podem chegar facilmente às pessoas e podem transmitir muitas mensagens pacíficas e pluralistas através das suas notícias e das suas produções. Existem numerosas componentes e mensagens pluralistas, especialmente nas séries de televisão que são vistas por milhares de milhões de pessoas todos os dias.

Os governos ou as organizações não governamentais podem orientar os meios de comunicação social no sentido de criarem uma atmosfera pluralista através das suas mensagens e os meios de comunicação social podem criar uma abordagem pluralista através dos seus componentes eficazes e atractivos. No mundo contemporâneo, um grande número de pessoas interessa-se pelos meios de comunicação social e forma as suas vidas com base nas mensagens dos meios de comunicação social. Quando o pluralismo é explicado corretamente às pessoas e a exigência de pluralismo é profundamente realçada, as pessoas não podem ignorar o pluralismo e aproximam-se da abordagem pluralista. Os media são os instrumentos mais disponíveis para explicar às pessoas o pluralismo e os seus resultados (Cereci, 2012, 210). Os meios de comunicação social têm muitas produções diferentes, desde notícias a artigos ou de séries a entrevistas, para transmitir às pessoas várias mensagens e os meios de comunicação social são as fontes de conhecimento social mais populares, especialmente nos países em desenvolvimento.

O pluralismo é uma garantia de desenvolvimento democrático numa sociedade e o pluralismo proporciona à sociedade uma atmosfera pacífica em que cada um vive com o seu próprio carácter (Peyton e Belasen, 2012, 34). Nas sociedades plurais, as pessoas partilham numerosas experiências, acumulam-se umas às outras e conhecem-se profundamente. O reconhecimento leva ao respeito e o respeito leva à paz e ao desenvolvimento democrático. Os meios de comunicação social são os instrumentos mais disponíveis para transmitir as mensagens mais compreensíveis para que as pessoas se conheçam e respeitem (Best, 2010, 86). Os media têm um grande poder para criar uma atmosfera pacífica.

Há muitas guerras e lutas no mundo devido à falta de conhecimento, à ignorância e à falta de comunicação, embora milhares de milhões de pessoas utilizem os meios de comunicação social e aprendam muitas coisas.

mensagens através dos media. A opinião parece ser que os meios de comunicação social não são utilizados corretamente pelas pessoas e que estas não recebem mensagens correctas nos meios de comunicação social ou que estes não transmitem mensagens correctas. Há problemas com a utilização dos meios de comunicação social, quer pelas pessoas quer pelos trabalhadores dos meios de comunicação social. Os meios de comunicação social têm um grande potencial para transmitir a paz e a abordagem pluralista.

As pessoas geralmente pedem meios de comunicação social livres para terem uma democracia libertária e para verem o mundo como realidade. Os meios de comunicação social livres fazem emergir atitudes de governo e activações de etnias numa sociedade e proporcionam às pessoas inúmeras facilidades e inspirações para viverem em paz (Whitten-Woodring, 2009, 616). As mensagens dos media podem causar impressões e inspirações positivas sobre a democracia e o pluralismo.

As administrações pluralistas distinguem-se facilmente pela sua estrutura civilizada e pacífica e é óbvio que todos os componentes de uma sociedade contribuem para o pluralismo. O pluralismo é uma abordagem estável que é reforçada pelos administradores e também pelas componentes económicas, culturais e pelos meios de comunicação social (Marty, 2007, 20). Os meios de comunicação social são instrumentos eficazes que podem alterar as decisões dos administradores e podem mudar as abordagens da sociedade para uma forma adequada.

Os meios de comunicação social são os instrumentos mais comuns e mais populares no século XXI e as pessoas orientam as suas vidas sobretudo através dos meios de comunicação social. Milhares de milhões de pessoas interessam-se pelos meios de comunicação social e tomam conhecimento de notícias e agendas universais através dos meios de comunicação social em todo o mundo. Os media têm soberania sobre as pessoas e até sobre as administrações e podem alterar as decisões das administrações e a agenda. Muitas raças e crenças diferentes assistem aos meios de comunicação social e tomam conhecimento de outras situações e opiniões, conhecem-nas e têm consciência de uma atmosfera plural através dos meios de comunicação social.

Há muitas sociedades que contêm muitas etnias diferentes no mundo e as sociedades que respeitam os direitos das etnias vivem em paz e contribuem com base no pluralismo. A estrutura pluralista de uma sociedade permite que todas as pessoas se sintam confiantes e ensina-as a respeitar os outros e a obedecer a regras universais. Os meios de comunicação social desempenham um papel importante na criação de uma atmosfera pluralista e na transmissão de mensagens pluralistas às pessoas. Os meios de comunicação social dispõem de numerosas possibilidades para transmitir mensagens pluralistas, como as diferentes músicas, as diferentes cerimónias e as diferentes línguas de uma sociedade.

O pluralismo é uma abordagem e uma componente indispensável do desenvolvimento democrático e permite que as pessoas partilhem conhecimentos e experiências e vivam num ambiente colorido com todas as componentes. O pluralismo permite que todos vivam com os seus direitos humanistas e o governo salvaguarda todos os direitos no pluralismo. Os indivíduos aprendem muitos conhecimentos e experiências diferentes numa sociedade pluralista e utilizam as suas acumulações para desenvolver a civilização. Os meios de comunicação social podem utilizar todos os materiais de uma sociedade e podem transformar os componentes étnicos em mensagens democráticas atractivas para a sociedade.

A caraterística mais importante do pluralismo é que toda a gente pode declarar a sua opinião ou toda a gente diz a sua crença sem hesitação e pode aprender com os outros. Os meios de comunicação social são os instrumentos mais disponíveis para transmitir mensagens pluralistas às pessoas e podem transmitir opiniões ou impressões a toda a gente. Os meios de comunicação podem ser utilizados para desenvolver o pluralismo e, em especial, os governos podem utilizar os meios de comunicação para criar uma atmosfera democrática e pluralista para as pessoas. Os governos podem criar uma atmosfera pluralista e democrática através da utilização dos meios de comunicação social e da soberania dos mesmos.

Meios de comunicação social e organizações de comunicação social

Os meios de comunicação de massas são tecnologias destinadas a atingir uma audiência de massas. É o principal meio de comunicação utilizado para atingir a grande maioria do público em geral. As plataformas mais comuns dos meios de comunicação social são os jornais, as revistas, a rádio, a televisão e a Internet. O público em geral confia normalmente nos meios de comunicação social para fornecer informações sobre questões políticas, questões sociais, entretenimento e notícias da cultura pop. Através dos meios de comunicação social, os meios de comunicação social têm uma grande influência no público em geral e um grande impacto na opinião do público sobre determinados temas. Em muitos casos, os meios de comunicação social são a única fonte de notícias em que o público em geral confia. Por exemplo, quando Neil Armstrong aterrou na Lua em 1969, os meios de comunicação social permitiram que o público testemunhasse este acontecimento histórico (Coleman, 2016). Os meios de comunicação social permitem às pessoas da era moderna aprender e também viver quase todos os acontecimentos do mundo.

Os meios de comunicação de massas são comunicações - escritas, radiodifundidas ou faladas - que atingem um grande público. Inclui a televisão, a rádio, a publicidade, os filmes, a Internet, os jornais, as revistas, etc. Os meios de comunicação de massas são uma força significativa na cultura moderna, particularmente na América. Os sociólogos referem-se a esta situação como uma cultura mediada, em que os meios de comunicação reflectem e criam a cultura. As comunidades e os indivíduos são constantemente bombardeados com mensagens provenientes de uma multiplicidade de fontes, incluindo a televisão, os painéis publicitários e as revistas, para citar apenas algumas. Estas mensagens promovem não só produtos, mas também estados de espírito, atitudes e uma noção do que é e do que não é importante (cliffsnotes.com, 2016). Os meios de comunicação social livres e independentes faziam parte de uma categoria de assistência denominada "promoção da democracia", que era ela própria uma expressão daquilo a que Thomas A. Carothers chama o paradigma da transição para a democracia (Durham, 2006, 44). Os media são também componentes principais da vida social moderna.

Os organogramas facilitam a visualização da forma como a comunicação pode ter lugar na vertical (entre níveis), na horizontal (entre secções) e na diagonal (entre diferentes níveis e secções). É importante manter todas as vias de comunicação tão abertas e eficazes quanto possível (Ganguly, 2015, 151). A confiança dos trabalhadores de uma organização é de importância vital, pelo que a informação adequada e exacta deve ser sempre disponibilizada às pessoas em causa na primeira oportunidade possível, através dos canais correctos.

Os media são importantes no processo de disseminação, normalização e estabilização de formas organizacionais específicas. Ao nível das organizações individuais, os meios de comunicação social monitorizam, examinam, avaliam e apresentam as actividades, os processos, as estruturas e os resultados da conduta organizacional. As ideias, normas, valores e interpretações trazidas à tona pelos media podem, assim, tornar-se um dado adquirido e, portanto, servir como uma linha de base contra a qual as organizações individuais são avaliadas, bem como servir de guia para as organizações na sua busca de legitimidade (Pallas e outros, 2014, 3). O conceito de sistemas societais funcionalmente diferenciados rompe com a visão de sistemas hierarquicamente construídos com um sistema (o sistema de valores) servindo como uma força de direção no topo da hierarquia. Este pressuposto não é compatível com as características sistémicas acima descritas. Os subsistemas sociais não são estruturados hierarquicamente. Isto não quer dizer que os valores e as normas sejam irrelevantes, mas não podem anular a lógica fundamental e o modo de funcionamento dos sistemas funcionais (Theis-Berglmair, 2005, 7). Os media são influenciados por valores sociais e também afectam a vida social. A conceção moderna da organização baseia-se em ideias de muitos domínios para tornar a comunicação mais dinâmica e combinar soluções individuais e organizacionais num todo coeso. As novas concepções centram-se na adaptabilidade. Apostam fortemente no envolvimento dos trabalhadores, distribuem a autoridade com base nas competências e têm menos regras e limites, o que resulta numa estrutura mais orgânica. As organizações estão a trabalhar em rede e a colaborar mais do que nunca. O conceito de uma organização sem fronteiras foi inventado na General Electric e explicado no livro "The Boundaryless Organization: Breaking the Chains of Organizational Structure". Estas organizações são adequadas à inovação rápida e, por isso, ideais para as empresas do sector tecnológico em crescimento. Nas unidades internas autónomas, as grandes empresas são compostas por pequenas unidades de negócio sem controlo centralizado ou atribuição de recursos. As estruturas em rede ligam muitas organizações separadas para atingir um objetivo que beneficia todos. As organizações virtuais dependem quase inteiramente da comunicação via Internet, telefone ou correio eletrónico e requerem pouco tempo presencial (Griffin, 2016). Os meios de comunicação social apresentam às pessoas novas imagens e novas abordagens e proporcionam-lhes mundos imaginários fascinantes.

Os meios de comunicação social têm um papel importante a desempenhar na comunicação eficaz e, com a revolução das TI, passaram a ter uma utilização e uma vitalidade inevitáveis. Na educação de adultos, desde a criação de um ambiente ou a motivação das pessoas para a alfabetização até à sensibilização das pessoas para a explosão demográfica, a educação das raparigas, a sensibilização para a saúde, etc., os meios de comunicação visuais têm desempenhado um papel significativo. O sistema de comunicação refere-se à divulgação de informação. A comunicação faz parte do trabalho em rede. A estratégia de comunicação na educação de adultos é significativa para alcançar uma transferência eficaz de informação, de modo a que os aprendentes adultos atinjam o objetivo de vir para o contexto de educação de adultos (Ganguly, 2015, 142). A teoria da classe dominante argumenta que os media reflectem e projectam a visão de uma elite minoritária, que os controla. As pessoas que possuem e controlam as empresas que produzem os media constituem esta elite. Os defensores deste ponto de vista preocupam-se sobretudo com as fusões maciças de empresas de comunicação social

que limitam a concorrência e colocam as grandes empresas nas rédeas dos meios de comunicação social - especialmente dos noticiários. A sua preocupação é que, quando a propriedade é restringida, algumas pessoas têm a capacidade de manipular o que as pessoas podem ver ou ouvir. Por exemplo, os proprietários podem facilmente evitar ou silenciar histórias que exponham comportamentos empresariais pouco éticos ou que responsabilizem as empresas pelas suas acções (cliffsnotes.com). Os meios de comunicação social não podiam, naturalmente, evitar a sua estruturação devido às condições actuais.

O âmbito dos meios de comunicação social (http://www.askmeoneducation.com/pros-and-cons-bachelors- mass-media):

MEIOS DE COMUNICAÇÃO DE ALTA TENSÃO IDADE MODERNA: TELEVISÃO

Quase toda a gente vê televisão no mundo contemporâneo e muitas pessoas planeiam a sua vida quotidiana com base na televisão. A televisão também exerce uma soberania sobre os políticos e os administradores e influencia as decisões políticas recentemente (Walsh, 2004, 5). A televisão é maioritariamente vista como a referência mais importante da vida moderna no mundo.

A história da televisão está, de facto, relacionada com a migração das zonas rurais para as zonas urbanas e a televisão tornou-se o meio de comunicação mais popular devido às pessoas urbanas. A maioria das pessoas vive em zonas urbanas no mundo e a maioria das pessoas urbanas vive naturalmente numa cultura moderna devido às condições da vida urbana (Cereci, 2013, 78). Muitas pessoas migraram das zonas rurais para as zonas urbanas para encontrar emprego ou para estudar no liceu ou na universidade e as pessoas que migraram deixaram as suas culturas tradicionais nas zonas rurais e encontraram uma cultura diferente nas zonas urbanas.

A televisão é o componente mais popular da tecnologia e o meio de comunicação social mais comum no mundo e conduz sempre a agenda do mundo e da vida quotidiana das pessoas devido ao seu poder na vida urbana. Muitas pessoas acreditam que a televisão é uma componente indispensável das suas vidas e sentem-se bem na vida social através da televisão, tomam conhecimento dos acontecimentos do mundo através da televisão e planeiam as suas vidas também através da televisão (Hanhardt, 2008, 4). A televisão ensina às pessoas inúmeras notícias e informações, alerta-as para os perigos, mostra-lhes diferentes culturas e tem muitos impactos. Para além dos impactos negativos da televisão, as pessoas conhecem a agenda global através da televisão e aprendem tendências modernas e conhecem novas tecnologias e novas abordagens através da televisão. A televisão permite que as pessoas apanhem as condições contemporâneas e as abordagens contemporâneas e permite que as pessoas apanhem as condições da civilização através das suas produções. A televisão mostra às pessoas as novas tecnologias, a agricultura científica e a arte contemporânea, o que permite que as pessoas estejam conscientes da vida urbana (Haines, 2012, 384). As pessoas podem encontrar muitas mensagens sobre o que precisam na televisão e um grande número de pessoas vê televisão nas áreas urbanas todos os dias devido à elevada tensão nas cidades.

A televisão transmite muitas mensagens diferentes sobre política e sobre acontecimentos económicos e sobre a vida social e outros, e muitas pessoas nas áreas urbanas aprendem a agenda e os acontecimentos reais através da televisão. No contexto dos inquéritos representativos da população, a abordagem tradicional para medir a exposição política à televisão tem sido pedir aos inquiridos que declarem quantos dias por semana ou horas por dia passam a ver notícias na televisão numa semana média ou na semana passada. Estas abordagens têm vários problemas no atual ambiente fragmentado dos meios de comunicação social. Devido ao enorme aumento dos tipos de programas políticos disponíveis, mesmo os inquiridos mais motivados são susceptíveis de discordar sobre o que conta como "notícias", "programas sobre a campanha", "televisão política", ou "notícias e assuntos públicos". Atualmente, o conteúdo político aparece numa grande variedade de programas, incluindo programas diurnos e noturnos, talk shows de interesse geral, programas de opinião, sátira e muito mais. Infelizmente, quando os inquiridos relatam ter visto uma hora de "televisão política", os investigadores não têm forma de saber quanto ou que tipo de conteúdo os telespectadores viram e, portanto, não podem testar hipóteses que liguem o conteúdo da exposição a consequências específicas (Dilliplane, 2013, 237). Existem muitos canais de televisão diferentes no mundo e toda a gente pode encontrar um canal relacionado com o seu carácter.

Os canais de televisão tentam ter estruturas organizacionais de acordo com as condições modernas e tentam também ter equipamentos contemporâneos. Eis um organigrama simples de um canal de televisão (ablongman.com, 2016):

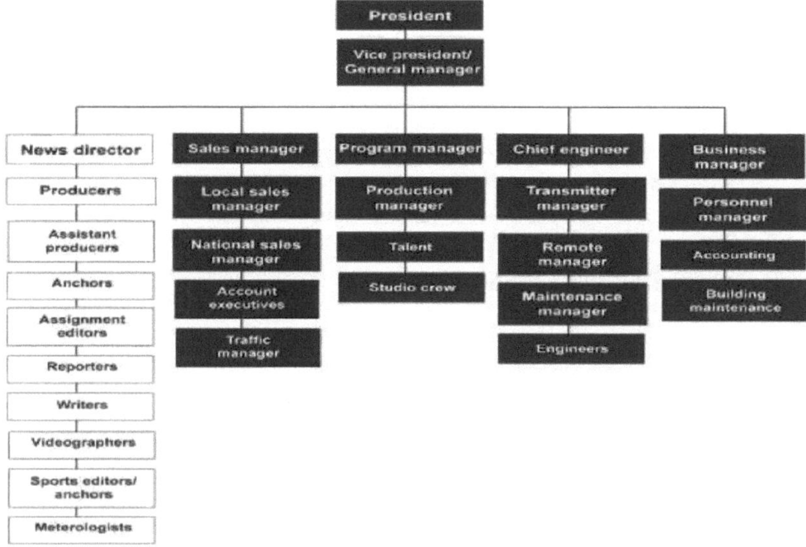

A televisão é o meio de comunicação social cujas notícias são mais vistas e as pessoas avaliam que as notícias televisivas são referências para a vida quotidiana. "Os meados do século XX são muitas vezes recordados como a idade de ouro do jornalismo de radiodifusão, uma época em que os noticiários televisivos eram mais do que os títulos alarmistas, as reportagens superficiais, a opinião pública irreflectida e os tablóides que dominam a paisagem mediática atual. Essa narrativa nostálgica é convincente porque nos permite ter esperança de que as coisas poderiam ser melhores, mas o arquivo da cobertura televisiva da política mexicana-americana sugere a necessidade de uma história diferente. Houve momentos de notável perspicácia e coragem, tal como hoje há exemplos de reportagens informadas e independentes" (Ontiveros, 2010, 918). A televisão tem a mais vasta rede de recolha de notícias e a maior parte dos cinquenta por cento das pessoas do mundo toma conhecimento das notícias através da televisão.

Posição da televisão

O mundo urbano de alta densidade e os problemas das condições contemporâneas conduzem as pessoas a estilos de vida fáceis e divertidos no século XXI. Ver televisão é mais fácil do que ler um livro e mais atrativo do que pintar ou fotografar, pelo que muitas pessoas preferem ver televisão no mundo. Alguns programas de televisão cujos temas incluem magia são muito vistos recentemente nos canais de televisão da Turquia e, sobretudo, as crianças são seriamente afectadas pelas atracções destes programas (Cereci, 2013, 112). A tecnologia informática ajuda a televisão a produzir este tipo de programas através dos seus artifícios e transporta o espetador para um mundo fictício a partir do mundo real. Construir um mundo de aventura é mais fácil nos últimos tempos devido à tecnologia informática.

Nalguns filmes publicitários, homens ou crianças voam, animais dançam, bens movem-se no espaço e muitas outras fantasias emergem do que o ser humano imagina. Os produtores de televisão ganham com a produção de imagens fantásticas e o espetador de televisão relaxa e diverte-se ao ver imagens fantásticas na televisão. A tecnologia informática permite à televisão produzir imagens fantásticas e transporta o espetador de televisão para um mundo de fantasia através dos seus artifícios. As imagens fantásticas incluem mensagens culturais nas suas existências e uma filosofia cultural é transmitida através da televisão (Tarr e Shay, 2013, 179). As pessoas pensam que estão a ver televisão, mas estão a ver mensagens de uma cultura na televisão.

Os desenhos animados são uma parte importante das produções televisivas e satisfazem a imaginação das pessoas através das suas imagens fantásticas (Merritt, 2005, 15). Os desenhos animados são maioritariamente produzidos em computador, utilizando efeitos informáticos. Alguns crimes e suicídios foram registados na Turquia e as razões foram declaradas como desenhos animados na televisão e, além disso, os desenhos animados ensinam muitos comportamentos modernos e abordagens modernas também (Levine, 2011, 176). As pessoas aprendem componentes da cultura moderna através de desenhos animados que parecem inocentes na televisão, mas a maioria das pessoas não está consciente dos efeitos dos desenhos animados.

A televisão revela mundos fantásticos atractivos para o espetador e o espetador viaja sempre para o mundo fantástico da televisão. As pessoas tentaram produzir muitas obras de arte ou instalações de entretenimento para revelar ambientes fantásticos nas suas vidas devido à sua necessidade fantástica (Vries, 2001, 110). No século XX, o mundo mais fantástico é constituído pela televisão devido ao seu carácter tecnológico. A televisão é o meio de comunicação de imagens fantásticas que são vistas com adoração pelo espetador (Cereci, 2001, 14). Na era digital, a televisão tem muitas facilidades para produzir produções fantásticas inovadoras para apresentar às pessoas mundos atractivos.

As imagens podem ser alteradas de uma forma para outra, de uma cor para outra na televisão, o realizador de televisão pode facilmente adornar as suas imagens com efeitos de computador na televisão. Os produtores e realizadores de televisão tentam sempre afetar o espetador, abordando os seus sentimentos e utilizando efeitos sensíveis com a ajuda do computador. O espetador geralmente quer ver imagens interessantes ou divertidas na televisão e quer passar momentos agradáveis com a televisão (Byers, 2002, 73). Por isso, a televisão tenta sempre produzir produções excitantes e divertidas.

Ainda se discute o facto de a tecnologia digital nas produções televisivas transportar ou não os espectadores das realidades para um mundo imaginário. A televisão é o meio de comunicação da imaginação e é o meio de comunicação mais divertido da vida contemporânea. As facilidades da tecnologia digital reforçam as atracções da televisão e a televisão constitui um novo mundo para os seus espectadores através da tecnologia digital. A vida urbana de ritmo acelerado e as condições contemporâneas cansam as pessoas, que querem passar um tempo agradável com a televisão (Harkins, 2002, 121). A televisão torna-se o meio de entretenimento da era moderna.

A tecnologia é a componente mais importante do século XXI e a maioria das pessoas não pode evitar a tecnologia devido à sua atividade profissional ou ao seu estilo de vida. Especialmente os jovens e os estudantes interessam-se muito pela tecnologia e pelos seus produtos e utilizam-na frequentemente nas suas vidas (Sark Yildizi, 2009, 7). Por este motivo, os fabricantes de tecnologia produzem produtos extraordinários e obtêm muitos lucros. A televisão é uma das produções tecnológicas mais populares e também utiliza muito a tecnologia.

Recentemente, as produções televisivas utilizam sobretudo a tecnologia informática, que ajuda a televisão a filmar e, sobretudo, a montar o processo e a implementar a imaginação do realizador (Sezer, 2009, 103). A tecnologia informática é melhorada de dia para dia e adopta muitos artifícios que facilitam o processo de produção televisiva. A tecnologia informática chegou a um nível tecnológico capaz de responder às necessidades contemporâneas das pessoas. A tecnologia proporciona à televisão muitas facilidades para realizar quase todas as imaginações.

Os programas de televisão produzidos por tecnologia informática afectam as pessoas, transportando-as para um mundo fictício e prendendo-as durante horas. As pessoas vêem televisão para encontrar um mundo que constituem na sua imaginação e para ver as suas expectativas nos seus mundos (Cereci, 2008, 138). O computador tem um poder sublime de produzir imagens ficcionais fantásticas e de afetar os espíritos e as mentes das pessoas. A televisão faz imagens em nome das pessoas e transmite as suas imaginações às pessoas enquanto criadora de imagens e as pessoas interessam-se pela televisão devido às suas imagens extraordinárias.

As produções televisivas podem transformar um mundo concreto num mundo lendário com a ajuda da tecnologia informática e podem criar uma atmosfera emocional intensa na televisão. A tecnologia informática funciona como um operador secreto por detrás das imagens televisivas e os espectadores vêem na televisão lugares fictícios atractivos ou florestas terríveis ou castelos enormes e criaturas únicas. Na era moderna, é possível fazer tudo na televisão com a ajuda da tecnologia (Lenz e Lawson, 2011, p. 583). A televisão é um meio de comunicação ilusório e deve isso ao computador.

A tecnologia informática atual facilita a montagem de produções televisivas de forma prática. O processo de montagem é concluído num curto espaço de tempo com a ajuda da tecnologia informática e produz imagens coloridas e atractivas que mostram às pessoas as suas expectativas. A tecnologia é popular devido ao seu mundo artificial e afecta as pessoas como um espetáculo de magia. As pessoas geralmente querem viver na imaginação e não querem viver no mundo real devido aos seus problemas difíceis, por isso vêem frequentemente televisão.

A tecnologia pode mudar a vida física das pessoas e também tem uma soberania sobre a vida cultural das pessoas (Stasser e Titus, 2003, 311). Muitas pessoas acreditam que as imagens que são montadas por computador são não-ficção na televisão e que as imagens estão relacionadas com as suas vidas. Obviamente, o computador é o componente tecnológico mais favorito da vida das pessoas e o computador e a televisão mudam muitas formas de vida em conjunto (Vint, 2013, 172). A mudança ganhou velocidade depois de as pessoas começarem a ver televisão permanentemente.

Além disso, as pessoas nas zonas urbanas vivem em ambientes socialmente heterogéneos e estão expostas a uma grande variedade de estilos de vida em termos de classe social, orientações culturais e religiosas e ideologias políticas. O acesso à educação e aos meios de comunicação social tem efeitos semelhantes de expansão dos horizontes e de aumento da exposição a guiões globais (Pierotti, 2013, 246). A televisão também é utilizada nas organizações educativas. Nos cinco anos em que a Professora Donaghy leccionou um curso, utilizou sempre o projeto de simulação de programas de televisão e é a única professora que ensina teoria social na universidade, pelo que não tem outra base para além de provas anedóticas para comparar a técnica com outras em termos de impacto na aprendizagem dos estudantes e nos resultados académicos. No entanto, com base nas suas experiências de ensino de teoria social, ela considera que terminar o semestre com projectos de grupo que simulam teóricos sociais na televisão é uma forma de aumentar o interesse e o conhecimento dos estudantes sobre esses teóricos. Esta técnica pedagógica também ajuda a tornar o curso mais agradável para os alunos que podem estar apreensivos quanto à frequência de cursos teóricos obrigatórios para a sua licenciatura em sociologia (Donaghy, 2000, 70).

A televisão como meio de comunicação cultural

A cultura inclui desde a língua até à saudação e desde a arquitetura até à cozinha, e também abordagens e tradições espirituais, pelo que a cultura forma a vida social das pessoas com os seus componentes variados. De certa forma, a cultura é constituída pelas regras de vida invisíveis de uma sociedade e pelos valores espirituais com os seus resultados concretos, determinando também as regras morais e oficiais de uma sociedade. A cultura reúne os membros de uma sociedade num ponto comum e torna as pessoas mais familiares e amáveis umas com as outras (Eliasoph e Lichterman, 2003, 747). A televisão é naturalmente utilizada para transmitir abordagens culturais. A televisão interessa-se sempre pela cultura das pessoas devido aos seus componentes atractivos e utiliza-os nas suas produções.

A televisão transmitia partes da vida das pessoas e havia muitas componentes culturais nas produções desde o início da televisão. As cidades e a arquitetura das cidades e o vestuário das pessoas e a cozinha das regiões e as crenças das pessoas e as línguas das pessoas foram transmitidas pela televisão e, assim, a televisão mostrou ao espetador a cultura das pessoas (Boylorn, 2014, 319). O espetador interessa-se sobretudo por culturas diferentes e também pela sua própria cultura e quer ver na televisão. O espetador aprendeu muitas culturas, abordagens e estilos diferentes através da televisão e é naturalmente afetado por muitas componentes e abordagens culturais (Sroka, 2012, 24). A televisão tornou-se por vezes um meio de cultura, mas é geralmente um meio de alegria.

A televisão é a componente mais popular da tecnologia e o meio de comunicação social mais comum no mundo e conduz sempre a agenda do mundo e da vida quotidiana das pessoas devido ao seu poder. Muitas pessoas acreditam que a televisão é uma componente incontornável das suas vidas e sentem-se na vida social através da televisão, tomam conhecimento dos acontecimentos do mundo através da televisão e planeiam as suas vidas também através da televisão (Atkins, 2007, 280). A televisão ensina às pessoas numerosas notícias e informações, alerta-as para os perigos e mostra-lhes diferentes culturas e tem muitos impactos. Para além dos impactos negativos da televisão, as pessoas conhecem a agenda global através da televisão e aprendem as tendências modernas e conhecem as novas tecnologias e as novas abordagens através da televisão. A televisão permite que as pessoas apanhem as condições contemporâneas e as abordagens contemporâneas e permite que as pessoas apanhem as condições da civilização através das suas produções (Burns, 2012, 21). A televisão mostra às pessoas as novas tecnologias, a agricultura científica e a arte contemporânea, o que lhes permite ter consciência da vida.

O livro e o jornal são coisas que não são necessárias e ir ao cinema e ao teatro é ignorado nas sociedades subdesenvolvidas e a televisão é o instrumento mais popular e mais valioso para as pessoas subdesenvolvidas (Dave, 2010, 23). As pessoas vêem televisão todos os dias e acreditam no que ela mostra e os seus comportamentos começam a assemelhar-se aos comportamentos da televisão. Muitas pessoas tentam comprar bens que vêem na televisão e querem viver em casas que vêem na televisão e falam sobre a agenda da televisão. Os impactos da televisão provocam uma nova cultura e a cultura televisiva é facilmente aceite devido à sua atração (Tsuji, 2001, 45). A cultura moderna é aceite por muitas pessoas no mundo devido à televisão.

A proteção dos valores tradicionais e das regras humanistas não é necessária nas sociedades subdesenvolvidas e a vida fácil, o entretenimento e o consumo são mais importantes para as pessoas subdesenvolvidas (Marsh, 2008, 817). As pessoas subdesenvolvidas não estão conscientes da existência de uma cultura de qualidade e da necessidade de produzir uma cultura de qualidade e universal para ocupar uma posição de destaque no mundo. Por isso, não seguem as necessidades de uma cultura de qualidade e escolhem sobretudo abordagens e instrumentos de uma cultura moderna atractiva e agradável. A televisão é o meio de comunicação mais eficaz da cultura moderna no mundo (Godzic, 2002, 368). O carácter da cultura moderna é totalmente transmitido pela televisão.

Efeitos da televisão

A televisão é o meio de comunicação social mais popular, mais barato e mais atrativo da era moderna, que está sobretudo repleto de componentes agradáveis e fáceis. A televisão mostra todos os componentes da era moderna de forma muito atractiva e leva as pessoas a admitir a cultura moderna e a utilizar os instrumentos do capitalismo. A televisão é, na verdade, um instrumento de uma abordagem político-económica e um portador da cultura moderna que é um produto dessa abordagem (Cereci, 2002, 59). O espetador que vê televisão todos os dias não pode evitar os efeitos da televisão devido aos seus atractivos.

Antes da Revolução Industrial, a maior parte das pessoas vivia em zonas rurais, ocupando-se da agricultura e vivendo na sua cultura tradicional. As pessoas eram alimentadas por histórias fantásticas e lendas mitológicas na atmosfera cultural durante milhares de anos no passado. As histórias fantásticas contavam às pessoas e também alteravam os seus comportamentos e estilos de vida (Sullivan, 2001, 292). Na era digital, a televisão conta histórias fantásticas e mostra imagens fantásticas às pessoas, afectando-as através da sua atmosfera de fantasia.

Ver televisão tem um significado para as relações sociais, uma vez que muitos comportamentos sociais, como a violência ou a assimilação cultural, estão relacionados com ver televisão. Especialmente a violência numa sociedade pode estar relacionada com os programas de televisão (Jackman, 2002, 396). A televisão pode ensinar valores de cultivo ao mostrar regras e experiências. Para além de a televisão ser um meio de entretenimento, também ensina ao seu espetador quem ele será (King, 2000, 239). Algumas pessoas dizem que preferem ver televisão em vez de ler livros para passar o tempo devido à atração da televisão (Juster a.o., 2003, 47). Especialmente nos países subdesenvolvidos, a televisão é a referência mais importante da vida e o instrumento mais credível da vida social.

O realizador de televisão comunica com o espetador no seu próprio estilo e tenta influenciá-lo através de imagens cativantes (Tomasulo, 2004, 9). Os realizadores experientes escolhem normalmente os temas dos programas a partir da vida do espetador, entre um grande número de temas existentes no mundo. Mas a ideia mais importante dos realizadores é preparar programas coloridos e agradáveis para o espetador, de modo a proporcionar-lhe uma alegria única.

O realizador de televisão inspira-se geralmente na vida quotidiana e mostra imagens sofisticadas da vida quotidiana, comentando o seu ponto de vista (MacDonald e Brakhage, 2003, 10). Cada realizador tem uma mensagem a transmitir ao espetador e pretende transmiti-la de uma forma filosófica e estética, existindo naturalmente uma mensagem cultural na forma de realização, planeada ou não.

O espetador é privilegiado em relação às personagens de um programa de televisão a que assiste (Haenni, 1998, 89). As personagens da televisão afectam naturalmente o espetador, transmitindo-lhe algumas opiniões ou algumas decisões sobre a vida. O espetador geralmente considera o que as personagens da televisão dizem ou fazem. A maioria das pessoas encontra nas personagens de televisão imagens que não encontra na vida real.

Todos os aspectos da televisão exibem uma dependência do género. A maioria dos textos tem alguma identidade genérica, encaixando-se em categorias genéricas bem enraizadas ou incorporando uma mistura de géneros. As indústrias dependem dos géneros na produção de programas, bem como noutras práticas centrais, como a auto-definição e a programação. O público utiliza os géneros para organizar as práticas dos fãs, as preferências pessoais, as conversas diárias e as práticas de visionamento. Da mesma forma, os académicos usam distinções genéricas para delinear projectos de investigação e organizar cursos de tópicos especiais, enquanto os críticos jornalísticos localizam programas dentro de quadros comuns (Mittell, 2003, 3). Os espectadores não têm consciência das características dos géneros televisivos, mas escolhem os programas de acordo com as suas necessidades diárias.

No passado, as pessoas produziram os instrumentos, as técnicas e as tradições mais úteis para uma vida humanista. As histórias populares tradicionais incluem muitos episódios realistas ou fantásticos e contam parábolas às pessoas (Bennett, 1986, 429). As histórias e lendas tradicionais têm de incluir parábolas e informações vitais devido às suas características. A televisão não tem de incluir parábolas ou informações, porque é um meio de entretenimento e de histórias fantásticas.

A televisão está rodeada de todos os efeitos do universo e transmite todas as ideias e imagens do universo ao espetador. Tem um efeito diferente dos efeitos diários da vida e as pessoas pensam que precisam de efeitos diferentes da televisão. A televisão foi soberana através dos seus efeitos e os efeitos da televisão causaram uma cultura moderna (gallup.com/poll, 2016).

Horas por semana passadas a ver televisão, por género

	Male	Female
None	1%	2%
Less than 1 hour	4%	7%
1-5	27%	37%
5-10	32%	29%
10-20	23%	17%
20 or more	14%	8%

A televisão é o meio de comunicação social mais visto em todo o mundo, mas ver muito é naturalmente prejudicial para o corpo humano e para a psicologia humana.

Os estudos sobre o efeito da televisão nos adolescentes analisam frequentemente os adolescentes mais novos, porque se presume que vêem mais televisão. Parece haver, de facto, algumas diferenças ligeiras na forma como se vê televisão por idade. Trinta e seis por cento dos jovens de 13 a 15 anos vêem 10 ou mais horas de televisão por semana, em comparação com 24% dos adolescentes de 16 a 17 anos.

Têm sido efectuados muitos estudos sobre os efeitos potencialmente nocivos da televisão para as crianças, e a gravidade desses efeitos potenciais tem sido amplamente debatida. Os últimos números do Inquérito Gallup aos Jovens indicam que os adolescentes que dizem ter uma má alimentação tendem a ver um pouco mais de televisão do que os outros adolescentes. Trinta e sete por cento dos adolescentes que dizem ter uma má alimentação vêem 10 ou mais horas de televisão por semana, em comparação com 23% dos adolescentes que dizem ter uma alimentação saudável (Robison, 2016). Da mesma forma, Gerald Thomas observou o papel que as telenovelas desempenhavam na tradição de contar histórias da Terra Nova francófona. Thomas reconheceu que a mesma palavra, contes, era utilizada para designar tanto as telenovelas como os contos populares tradicionais contados oralmente. Atribuiu "semelhanças suficientes entre a vida real dos franco-novos (e outros) e os enredos das telenovelas para sugerir um elevado grau de identificação pessoal". No entanto, Thomas também salientou que as telenovelas influenciaram a performance oral dos Mirchen na comunidade: antes da receção televisiva generalizada na região, as performances de narração de histórias eram mais gesticuladas, e ele colocou a hipótese de que o estilo mais estático da performance atual dos Mirchen se devia à influência do drama televisivo e do seu estilo de performance estático (Koven, 2003, 178). O drama é uma das produções mais vistas na televisão.

Televisão e mudança cultural

Muitas pessoas cumprimentam-se rapidamente com palavras curtas e não conversam ou já não compreendem os seus problemas. As pessoas não dedicam muito tempo a cozinhar devido ao ritmo acelerado da vida urbana e alimentam-se normalmente com alimentos congelados. Muitas pessoas utilizam o computador e o telemóvel na sua vida quotidiana e não escrevem cartas ou não falam cara a cara. Muitas pessoas não se interessam por crenças e valores espirituais, mas sim por dinheiro e trabalho fácil. Quase todas as pessoas querem viver em condições de luxo e querem ser apreciadas por causa do seu luxo (MacMillan & Copher, 2005, 866). Estes são diferentes componentes da cultura moderna e a televisão transmite sempre às pessoas mensagens da cultura moderna (Cereci, 2012, 109). De certa forma, a televisão funciona como um vetor de cultura.

De certa forma, a cultura é o espírito de uma sociedade e surge num longo processo, no final das experiências das pessoas. A geografia, o clima, a religião, as regras morais e as condições de produção foram, em geral, a base da cultura aproximadamente até à Revolução Industrial nas zonas rurais e a televisão surgiu no final do processo da Revolução, quando as pessoas migraram das zonas rurais para as urbanas. As pessoas que migraram das zonas rurais para as zonas urbanas ficaram chocadas no início da migração devido às condições diferentes das rurais e viveram em dificuldades durante muito tempo. Viveram numa cultura tradicional durante centenas de anos e, de repente, depararam-se com uma cultura diferente nas zonas urbanas e ficaram chocadas.

A televisão entrou pela primeira vez na vida social no início do século XX e as pessoas avaliavam a televisão como uma caixa mágica devido ao seu conteúdo. Havia algumas pessoas e lugares familiares e, para além disso, outras pessoas, outros assuntos e outras vidas na televisão. As pessoas que se encontravam em crise espiritual e cultural nas zonas urbanas interessavam-se muito pelos temas da televisão. A televisão atraía as pessoas com temas diferentes e agradáveis e apresentava-lhes histórias modernas e estilos modernos em vez de histórias tradicionais e estilos tradicionais. Nos problemas das zonas urbanas, a televisão tornou-se um instrumento lendário que levou as pessoas para vidas diferentes dos seus problemas.

A televisão era muito vista e tornou-se uma componente familiar e próxima da vida social no início e as pessoas começaram a viver de acordo com a televisão após o impacto da televisão. Muitas pessoas migraram das zonas rurais para as zonas urbanas e começaram a viver em condições modernas e a televisão provocou uma cultura moderna nas zonas urbanas. Quando a televisão se tornou um componente incontornável da vida das pessoas, quase todas as pessoas viviam ao estilo da televisão e falavam sobre os conteúdos da televisão e interessavam-se pelas pessoas que eram mostradas na televisão e repetiam a linguagem da televisão. As gerações que nasceram no tempo da televisão aprenderam a imagem do mundo através da televisão e viveram na cultura da televisão.

Especialmente as produções televisivas produzidas em computador afectaram muito os jovens, que se apropriaram muito da cultura da televisão. Os jovens falavam o que ouviam na televisão, cantavam o que ouviam na televisão e divertiam-se ao estilo do que viam na televisão. As mensagens da televisão têm soberania até sobre os administradores e sobre os políticos e sobre os artistas e os líderes das sociedades guiaram as pessoas através das mensagens da televisão. Quase todas as pessoas, com os seus administradores e com as suas pessoas preferidas, aceitaram as mensagens da televisão e viveram na cultura moderna que foi introduzida pela televisão. Esta foi uma das mais importantes mudanças culturais da história.

MEIOS DE COMUNICAÇÃO PARA IMIGRANTES: A QUESTÃO DA MIGRAÇÃO

A migração é um dos problemas mais importantes da era moderna e a migração altera muitos ambientes e princípios e os administradores têm sérios problemas com a migração. Todas as organizações de uma sociedade têm de ter em conta as necessidades dos imigrantes e tentar responder às suas necessidades. Os meios de comunicação social são instrumentos eficazes numa sociedade devido ao seu poder efetivo. Podem mostrar os perigos, alertar para as regras, ensinar princípios e proporcionar às pessoas a participação numa vida social civilizada.

Milhões de pessoas migraram de um lado para o outro devido a muitas razões diferentes e estabeleceram-se em áreas que não conheciam antes e estabeleceram vidas diferentes para elas. Muitas pessoas migraram para encontrar trabalho ou para viverem mais confortavelmente ou para atingirem as suas expectativas (Winship, 1997, 32). Nos últimos 200 anos, a migração foi um grande movimento do mundo rural para o urbano e alterou muitas condições e abordagens das cidades e das pessoas no mundo.

As condições contemporâneas causam muitos problemas diferentes na vida citadina e as pessoas têm mais problemas com as condições contemporâneas nas grandes cidades. As pessoas que migraram das zonas rurais têm mais problemas na vida citadina nas cidades. A comunicação foi um dos principais problemas e projectos das administrações passadas nas sociedades antigas e os administradores tentaram criar zonas de comunicação nas suas povoações. As pessoas encontravam-se, conversavam, discutiam, comentavam a vida e a administração, divertiam-se nas zonas de comunicação e resolviam as suas necessidades através da comunicação. Segundo os cientistas, a comunicação é a ação em que alguém se sente humano (Porter, 1943, 34). A necessidade de comunicação faz das pessoas uma sociedade através dos seus instrumentos e formas.

A migração é um dos principais movimentos após a Revolução Industrial e causou muitas mudanças e problemas em todo o mundo. As migrações provocaram o estabelecimento de novas povoações e de novos mundos culturais como movimentos de substituição. As pessoas que migraram precisam de muitas condições e requisitos novos no local onde se estabeleceram e tiveram uma nova vida. Geralmente, precisam de requisitos naturais, como habitação ou nutrição, e requisitos culturais. A comunicação é o principal requisito de que as pessoas necessitam, em primeiro lugar, devido ao seu carácter satisfatório.

A comunicação, que é uma necessidade fundamental do ser humano, responde a uma necessidade humana das pessoas. Qualquer pessoa precisa de comunicar onde quer que viva, se for um homem saudável do ponto de vista físico. O processo de comunicação contém essencialmente um emissor de mensagens, um canal, um recetor e um feedback. Cada componente tem um papel original no processo de comunicação, e todos os processos satisfazem as pessoas, respondendo às suas principais necessidades humanas (Cereci, 2002, 64). De certa forma, a comunicação é uma forma de felicidade.

A comunicação torna as pessoas mais próximas, mesmo que vivam longe, e proporciona-lhes ambientes humanistas. As pessoas podem conhecer-se através da comunicação e partilham os seus próprios mundos, encontrando-se por vezes para um novo negócio, e utilizam muitos instrumentos diferentes para comunicar (Stafford ve Reske, 1990, 277). As pessoas podem partilhar todas as suas acumulações, opiniões, impressões e tudo o mais.

Antes da Revolução Industrial, as pessoas viviam no meio rural, praticando a agricultura, e não tinham mais problemas com o seu povoamento ou com as suas vidas.

De certa forma, a vida era estável e calma nas zonas rurais antes da urbanização. Não havia muita densidade e complexidade na vida rural. Em geral, as pessoas passavam o tempo a trabalhar e a falar sobre a vida, a contar histórias e lendas e a transmitir as suas acumulações aos filhos. A migração alterou muitos hábitos e tradições.

Os imigrantes que migraram dos condados para as grandes cidades precisam de mais facilidades e instrumentos de comunicação para aprenderem a viver na cidade e a comunicar com outras pessoas e entre si. Normalmente, quando migram, levam para as cidades apenas as suas coisas concretas, mas não a maior parte das suas tradições e crenças culturais. Por este motivo, têm problemas com a cultura da cidade e, por vezes, não conseguem comunicar com os habitantes da cidade. Provavelmente, os imigrantes não conseguem comunicar consigo próprios nos seus novos locais de residência (Weissman e Matovina e Suro e Yang, 2012, 21). Mas existem diferentes formas de os imigrantes comunicarem ou, pelo menos, de acompanharem o mundo. Os meios de comunicação social podem proporcionar às pessoas muitas facilidades para aprender e acompanhar, bem como para se informarem e avaliarem.

Numa cidade, especialmente os imigrantes procuram facilidades de comunicação devido à sua grande necessidade. Na maior parte das vezes, costumavam comunicar com as pessoas que conheciam na sua terra natal e querem alcançar a mesma atmosfera de comunicação e a mesma paz também na sua nova cidade. Por este motivo, os imigrantes precisam sobretudo de instalações de comunicação nas cidades para viverem na cidade e para se tornarem habitantes da cidade.

Alguns restaurantes são capitais culturais e locais de comunicação para imigrantes que migraram das províncias de Nova Iorque, nos Estados Unidos. Numa capital cultural, os restaurantes são um ponto de encontro para clientes empresariais, executivos da indústria cultural e artistas. O desenvolvimento do sector da restauração em Nova Iorque é indissociável dos processos globais de mudança. Não só corresponde ao desenvolvimento da economia simbólica e ao crescimento geral dos serviços, especialmente dos serviços empresariais de alto nível, como também reflecte o movimento de capital de investimento em todo o mundo e uma oferta constante, desde que as leis de imigração dos EUA foram alteradas em 1965 e 1986, de novos imigrantes. Os restaurantes geram um grande número de empregos de baixos salários e "sem saída" que são frequentemente preenchidos por imigrantes que não possuem conhecimentos de inglês e credenciais educativas americanas (Zukin, 2005, 159). As organizações simples podem proporcionar às pessoas facilidades de comunicação e de aprendizagem. As grandes organizações, como os meios de comunicação social, podem proporcionar às pessoas mais facilidades de aprendizagem, de entretenimento e de participação na vida social.

Depois de chegarem a um lugar de esperança, os imigrantes começam por procurar aqueles que migraram da mesma cidade para se solidarizarem e não se sentirem estrangeiros na sua nova terra. Naturalmente, querem dar a conhecer aos amigos as suas opiniões sobre a nova terra e a sua gente, e precisam de contar os seus problemas com a nova terra, e querem chegar a acordo sobre as novas condições, e depois tentam pensar no que vão fazer amanhã. Em segundo lugar, procuram um emprego para sobreviver e para encontrar outros imigrantes. Normalmente, reúnem-se em locais de trabalho, como restaurantes, hotéis, cafetarias, fábricas, estações de serviço, contracções. Quantos mais imigrantes encontram, mais poderosos se sentem, e sentem-se parte de uma unidade, e estabelecem a sua terra mais facilmente e com conforto. Os restaurantes são pontos de encontro de imigrantes não só em Nova Iorque, mas em muitas cidades em expansão no mundo.

Um viajante sozinho pergunta geralmente a quem se senta ao seu lado "para onde vai" nas viagens interurbanas, apesar de saber para onde o autocarro viaja na Turquia. A razão desta pergunta não é que o viajante sozinho não saiba para onde vai o autocarro, mas sim que quer iniciar um processo de comunicação cordial. Porque é um ser humano e a comunicação é uma forma de sentir que se é humano. Esta é uma questão inicial de um processo de comunicação na cultura turca.

É uma necessidade do ser humano comunicar, partilhar ideias e conhecimentos, um comentário, apesar de viajar apenas durante algumas horas num autocarro. Ser humano significa comunicar onde o ser humano vive e o que faz. O ser humano procura uma possibilidade de comunicação onde quer que esteja, mesmo que seja um imigrante. Os imigrantes precisam de mais possibilidades de comunicação do que as outras pessoas, porque são estranhos numa cidade distante da sua terra natal, onde deixaram todo o seu passado.

A migração é o maior movimento e o mais terrível resultado que a revolução industrial provocou no mundo. A migração desenfreada e a expansão desmedida estão na origem de muitos problemas nas grandes cidades. As pessoas que migraram das províncias e se estabeleceram em lugares próximos às fábricas que se instalaram com a revolução industrial foram os primeiros habitantes das primeiras grandes cidades, mas viveram apenas do orgulho de ser cidadão de uma grande cidade, mas estavam distantes da consciência de citadino. Porque não havia uma experiência de cidade e o seu vocabulário na sua experiência de vida. As pessoas das primeiras cidades apenas tentaram viver na mudança inevitável do seu novo mundo, porque não sabiam o que era ser citadino. A maioria vivia em condições terríveis e miseráveis, mas não podia regressar à sua terra natal. Quase todas as grandes cidades foram expostas à migração e aos seus terríveis resultados na história da humanidade.

Quando Bizâncio estava a ser fundada em 395 d.C., muitos cristãos migraram das cidades vizinhas e geraram uma nova e esperançosa cidade. No início do período bizantino, uma cidade bizantina era apenas a continuação de uma cidade romana que, por sua vez, pode ter sido fundada no período helenístico ou mesmo antes. O período bizantino na vida das cidades não foi marcado por nenhuma mudança radical no traçado das ruas, no sistema de fortificação, de enterramento ou de abastecimento de água. As alterações mais evidentes foram a construção de igrejas e o abandono dos templos pagãos; houve também desenvolvimentos menos perceptíveis relacionados com a administração cívica, a comercialização e os divertimentos públicos (Mango, 1986, 20). Porque o público de uma nova cidade sente a necessidade de se reunir e comunicar.

A moral era mais valiosa do que a materialidade, o que gerava unidade para as pessoas no passado. Quando planeavam uma cidade, pensavam em primeiro lugar em edifícios sociais que agregavam as pessoas em torno dos mesmos valores e crenças. As pessoas sentiram que eram partes de uma mesma unidade. Por isso, decidiram que tinham de comunicar entre si para salvar essa unidade e para a reforçar. Por isso, tentaram construir grandes edifícios e espaços sociais na sua cidade para se encontrarem, falarem, divertirem-se, actuarem, aprenderem a vida, etc.

É possível dizer que os edifícios sociais e as áreas de reunião foram maiores e mais importantes do que os edifícios e terrenos pessoais devido à importância da vida social e da comunicação na história da humanidade. Xian, Nínive, Babilónia, Mileto, Atenas foram as maiores cidades da história e todas estas áreas de comunicação, com os seus edifícios, as suas gentes e todas as suas culturas, como as ágoras. A ágora era o principal local de comunicação pública no período Helenístico, situando-se no centro da cidade e abrindo toda a vida de lugares e ruas (Wycherley, 1993, 45). As pessoas costumavam reunir-se ali para falar, conversar, rezar, atuar, etc. As pessoas reuniam-se na ágora e partilhavam aí toda a sua vida.

As experiências históricas transformaram as necessidades sociais e os hábitos das pessoas em meios de comunicação ao longo da história. Os administradores criaram mercados coloridos e divertidos para fazer compras; foram construídos grandes templos para rezar; organizaram-se feiras ou festivais semanais para desfrutar; organizaram-se organizações desportivas para gastar as suas energias, etc. As pessoas comunicaram quando fizeram compras, rezaram, divertiram-se e gastaram energia, porque precisam de comunicar. As pessoas utilizam todas as possibilidades para comunicar, mesmo quando debatem, lutam ou fazem guerra, como nas Cruzadas. As cidades em expansão sentem a necessidade de áreas e instalações de comunicação, especialmente para os imigrantes que são estrangeiros na cidade e que se encontram numa crise psicológica. A criação de possibilidades de comunicação está diretamente relacionada com a urbanização.

O trabalho de urbanização incumbe a quem concebe e aplica a urbanização a responsabilidade de proporcionar as condições necessárias para as actividades sociais das pessoas na cidade. Num certo sentido, a cidade é um lugar onde as pessoas respondem a todas as suas necessidades sociais. Não só os corpos, mas também os espíritos das pessoas vivem numa cidade e querem encontrar todas as necessidades na cidade, mesmo que vivam num subúrbio. Os seus corpos precisam de abrigo, alimentação e vestuário, mas as suas almas precisam de mais do que isso. A alma precisa de moral e cultura. A comunicação é a primeira necessidade do ser humano ou da sociedade. Os locais de encontro, as ágoras, as praças dos fóruns, as feiras, os festivais, as galerias de arte, as salas de espectáculos, os parques foram criados devido à preocupação com a comunicação ao longo da história da humanidade.

A urbanização, que foi comummente aplicada na revolução industrial, causou mais funcionalidade do que beleza (Onur-Tanali, 2004, 23). A ideia de funcionalidade, derivada da urbanização, deixou para trás as filosofias do ornamento no processo de urbanização. Esta ideia influenciou não só a construção de cidades, mas também áreas culturais e sociais inteiras. Algumas cidades fascinantes foram erguidas com os seus magníficos edifícios, mas não conseguiram responder às necessidades psicológicas das pessoas, especialmente a comunicação. A comunicação é a principal necessidade dos imigrantes que deixam todas as suas raízes, relações, crenças e fés nas suas cidades abandonadas.

Quando os imigrantes migram para uma nova colónia, criam uma pequena cidade que se assemelha à sua cidade abandonada na sua nova terra, para não sentir saudades e querer regressar ao seu passado. Esta terra está obviamente fora da avenida principal e longe do centro da cidade e não foi adicionada ao trabalho de urbanização no início da migração. Os imigrantes comunicam normalmente com as pessoas que vivem na sua terra e não se aproximam dos citadinos que vivem no centro da cidade porque pensam que os citadinos são os outros. No início da migração, há uma certa distância entre os imigrantes e os habitantes das cidades. No final deste processo, surgem nas cidades expandidas algumas povoações diferentes e adversas que não conseguem comunicar com o centro da cidade. Isto pode ser definido como insuficiência de comunicação.

Para que uma cidade deste tipo e os seus habitantes funcionem, é necessário que haja uma oferta local adequada de serviços básicos e de usos, de modo a que, por exemplo, uma área predominantemente residencial contenha também uma componente de usos que proporcionem emprego local, instalações comerciais, serviços de lazer e transportes públicos adequados, reduzindo a necessidade de as pessoas fazerem viagens de carro para satisfazerem as necessidades básicas da existência humana: trabalho, lazer, educação, compras, saúde e cuidados infantis (Greed, 1996, 241). Os meios de comunicação social podem proporcionar inúmeras facilidades de que as pessoas necessitam e apresentar-lhes um estilo de vida moderno.

As pessoas que deixaram a sua cultura tradicional em locais abandonados, encontraram novos edifícios, novas pessoas e outras coisas novas, caíram em problemas culturais nas suas novas cidades e não conseguiram comunicar facilmente no início da sua migração, especialmente no século XIX. Naturalmente, todas as pessoas que vivem nas cidades precisam de locais, instrumentos e instalações de comunicação. Apenas casas, lojas, ruas, luzes e outras coisas não são suficientes para viver numa sociedade como seres humanos.

As cidades são as povoações mais populosas, onde vivem centenas de milhares de pessoas e onde se comportam milhares de personagens. Todos os habitantes de uma cidade precisam uns dos outros como seres humanos, tal como nas aldeias ou vilas. Quando alguém sai de casa, procura um ambiente de comunicação para contar a sua vida, as suas opiniões, criticar a administração, refletir sobre a economia ou coscuvilhar sobre as pessoas, ou para aprender alguma coisa. As estradas, as ruas, os passeios, as praças, os mercados, os templos, são locais de comunicação para os citadinos, a menos que sejam incorretamente utilizados. Uma cidade torna-se civilizada e magnífica com as suas gentes e com o modo como estas transmitem as suas mensagens umas às outras. Uma cidade fascinante é o resultado de conhecimentos, opiniões e sentimentos.

De acordo com alguns autores, antigamente as pessoas encontravam mais locais e possibilidades de comunicação nas suas cidades. Na Turquia, há cerca de 40 anos, as ruas eram o local de brincadeira das crianças e o local de encontro das pessoas da região, quando todas as pessoas se conheciam numa cidade, mesmo numa pequena região (Ugur, 2003, 124). A comunicação torna-se mais fácil quando as pessoas se conhecem. Há algumas décadas, na Turquia, era mais fácil comunicar e as possibilidades de comunicação estavam praticamente criadas em todo o lado. Toda a cidade, com as suas partes onde as pessoas vivem, era uma área de comunicação em todo o lado. Porque, em primeiro lugar, querem comunicar com os outros, precisam do outro e precisam de partilhar a sua vida para se sentirem humanos.

No passado, as cidades foram concebidas e construídas com base no princípio da humanidade e, de um modo geral, uma cidade tinha uma certa identidade e não migrava sobretudo porque as pessoas podiam estar satisfeitas na sua terra natal. Porque sabem quem são na sua terra natal. A identidade e os princípios são naturalmente fáceis de comunicar para as pessoas que se oferecem para viver numa cidade com outros habitantes da cidade, para se conhecerem e para comunicarem de qualquer forma.

Quando as pessoas viviam em cavernas, comunicavam com as gerações futuras e entre si através de pinturas rupestres, tendo depois sido utilizadas outras línguas para comunicar. Por volta dos séculos XIV e XV, alguns escribas comerciais começaram a produzir livros em línguas vernáculas, numa altura em que as pessoas se instalavam nas cidades. Uma nova técnica consistia em utilizar uma peça metálica separada para cada letra do alfabeto e colocá-las e retirá-las de uma forma de madeira que podia ser utilizada repetidamente. Isto levou à impressão de folhetos, panfletos, folhas largas e outras publicações exigidas por uma classe média cada vez mais letrada nos séculos XV e XVI (Buckalew-Wulfemeyer, 2000, 61). A procura, o esforço e a técnica gerados para produzir jornais. As pessoas começaram a utilizar os meios de comunicação social, pelo menos para se informarem sobre a cidade em que viviam.

As pessoas utilizaram muitos instrumentos e linguagens para transmitir as suas mensagens e partilhar os seus sentimentos e, além disso, para aprender outras mensagens, para comunicar em breve. Para compreender as pessoas, alguém coloca a seguinte questão: o que é que as pessoas partilham com frases, teorias e poemas para justificar a sua inclusão no domínio da compreensão (Schweder-LeVive, 2003, 204). Apesar de parecer complexa e difícil, esta pergunta tem uma resposta óbvia que é a comunicação. As pessoas utilizaram um grande número de instrumentos e línguas para comunicarem entre si, quer vivessem em províncias ou cidades.

A proteção dos valores culturais, que são a base da vida humana, e a criação de condições de comunicação estão relacionadas com leis adequadas e com a criação de possibilidades económicas (£eqener, 1995, 147). A urbanização e a criação de condições sociais para os habitantes da cidade são da competência dos administradores. Quando uma cidade é concebida e planeada, os arquitectos e sociólogos têm de pensar nas necessidades das pessoas antes dos administradores, como aconteceu na Barcelona de Antonio Gaudi.

O período de planeamento na Turquia, iniciado em 1959 com a lei 7367, teve um papel importante na resolução de alguns problemas de urbanização, especialmente no que diz respeito às barracas (Kclcs, 2000, 395). Mas parece que os planos não serviram para resolver o problema da urbanização na Turquia, devido à expansão adversa de cidades como Istambul, Ancara, Adana, Diyarbakir, Van e outras na Turquia. A maior parte da migração foi observada após 1950 na Turquia e as formas e condições de muitas cidades foram alteradas em todo o país.

A migração foi estudada muitas vezes como tema de teses ou conceito de ensaios, mas os seus resultados foram sobretudo procurados e descritos, em vez das suas razões. As razões da migração são eixos da questão que podem ser resolvidos removendo as razões de facto. As razões pelas quais os imigrantes nunca pensaram em procurar e satisfazer-se com as suas possibilidades nas províncias ou na sua terra natal estão fora das cidades. Os imigrantes não pensaram em utilizar as matérias-primas nas províncias, produzir produtos de qualidade e contentar-se com eles. A maior parte das vezes, pensaram em emigrar para cidades maiores e quiseram encontrar o conforto com que sonhavam.

A urbanização provoca naturalmente uma nova migração e as cidades começam a conter um grande número de migrantes. Uma vez que a migração é fonte de muitos problemas sociais, também causa mudanças na cultura da cidade e problemas culturais por não proteger os valores tradicionais (Sami, 1999, 136). As migrações excessivas e repentinas causam não só problemas em série, como a insuficiência de habitações e a má imagem da cidade, mas também a desilusão dos habitantes da cidade. A migração gera geralmente um desacordo entre os imigrantes e os habitantes da cidade, particularmente no início da migração. Enquanto os imigrantes não se adaptarem às regras da cidade, o desacordo pode transformar-se numa discussão naturalmente.

Poucas cidades conseguiram criar a sua própria cultura original e ofereceram equipamentos sociais suficientes aos seus habitantes. Muitas cidades que foram ocupadas por migrantes puderam oferecer instalações culturais superficiais e possibilidades de comunicação insuficientes. A cultura de massas formou-se devido à migração e à urbanização não sistemática e esta cultura afectou a comunicação e os instrumentos de comunicação (Matterlart, 2003, 99). Os meios de comunicação social, que têm como objetivo que as massas urbanas passem o tempo de forma rápida e fácil e se divirtam, tornaram-se produtores e portadores da cultura de massas. Os romances fotográficos, os espectáculos de variedades, os cabarés, os musicais, os melodramas, as canções populares, os talk shows, as sitcoms e os espectáculos de stand up têm entretido os habitantes da cidade, mas não são utilizados para comunicar entre si.

Há um grande número de cidades com mais de 10 milhões de habitantes, mas a maioria delas contém pessoas problemáticas nos seus apartamentos bem decorados e equipamentos de alta tecnologia. Todas as instalações à sua volta não são suficientes para que vivam como pessoas civilizadas. Em primeiro lugar, precisam mais de uma atmosfera de comunicação e de instrumentos de comunicação do que de edifícios magníficos.

O primeiro problema na expansão das cidades após a migração não é encontrar abrigo, refeição ou desemprego, mas sim a comunicação. As pessoas podem abrigar-se, encontrar refeições, encontrar trabalho ou até divertir-se, mas se não encontrarem uma atmosfera de comunicação e instrumentos de comunicação, podem cair em grandes problemas. Porque não se sentem como seres humanos e não sentem que vivem numa sociedade. A sociedade é o resultado da comunicação.

Há milhares de anos que as pessoas vivem nas zonas rurais com uma vida estável e calma, geralmente através da agricultura, e não sofrem com a poluição, o trânsito ou os crimes. As pessoas têm vindo a migrar cada vez mais após a Revolução Industrial e a migração altera muitas condições e estilos no mundo. Quando as pessoas migram, deslocam-se com as suas coisas e também com uma cultura e um carácter. Após a migração, as pessoas precisam de muitos requisitos diferentes e estabelecem novos mundos que foram equipados com as condições actuais. As pessoas precisam, em primeiro lugar, de alojamento e alimentação na sua nova colónia após a migração e, em seguida, de requisitos culturais. Naturalmente, devido à natureza humana, as pessoas precisam de um ambiente e de instrumentos de comunicação. A comunicação permite que as pessoas partilhem as suas opiniões e impressões e que se sintam como seres humanos numa sociedade, especialmente nas grandes cidades. Proporcionar às pessoas locais e instalações de comunicação é da responsabilidade dos governos e dos planeadores urbanos. As pessoas encontram-se nos locais de comunicação e aí conversam, criticam a administração, divertem-se, comunicam as suas reivindicações e resolvem rapidamente as suas necessidades culturais. As cidades bem planeadas contêm locais de comunicação e instalações abrangentes na sua estrutura humanística. Os administradores e urbanistas planearam primeiro os locais de comunicação no passado e também hoje. As praças e as zonas comerciais, as zonas de entretenimento e os ambientes sociais foram criados para satisfazer as necessidades de comunicação das pessoas. Se os meios de comunicação são insuficientes numa povoação, as pessoas e os administradores têm problemas com as suas vidas e com as suas funções.

A era moderna e a tecnologia moderna apresentaram às pessoas os meios de comunicação social e estes começaram a conduzir a vida das pessoas e a ter soberania sobre elas. Os órgãos de comunicação social consideraram as necessidades das pessoas na vida moderna e planearam os seus trabalhos em função da vida moderna. Os meios de comunicação tentavam sobretudo fazer as pessoas felizes e proporcionavam-lhes facilidades de entretenimento. As pessoas preferiam os media para escapar aos seus problemas modernos e colocavam-nos no centro das suas vidas.

Organismos de comunicação social

"Atualmente, ninguém inveja as empresas do sector dos media e do entretenimento (M&E). À medida que esta indústria global de 1,5 biliões de dólares se esforça por fazer face à transição para um mundo digital, enfrenta desafios complexos. Externamente, as empresas de media têm de acompanhar as novas tecnologias que podem complementar ou perturbar os seus negócios actuais. À medida que tecnologias como o iPad ganham terreno, as empresas têm de repensar onde, quando e como fornecer conteúdos. Têm também de se defender contra os perturbadores, muitas vezes de outros sectores, que querem roubar clientes. Quando o Cloud Player da Amazon ofereceu aos clientes serviços de armazenamento de música online gratuitos, os outros intervenientes na indústria da música digital tiveram de reagir rapidamente.

Internamente, as empresas de M&A têm de investir para proteger a sua atividade principal, apesar das mudanças nos lucros do sector. Ao mesmo tempo, precisam de experimentar novas áreas, apesar de a maioria dos directores executivos não saber de onde virá a maior parte das suas receitas daqui a cinco anos. Devem também desmantelar as velhas estruturas e silos para criar uma organização capaz de responder às novas necessidades dos clientes em termos de media e entretenimento.

Durante períodos de incerteza como este, a capacidade de uma empresa de M&A para tomar as decisões correctas rapidamente e executá-las de forma eficaz pode fazer toda a diferença entre chegar à frente dos rivais - ou ser ultrapassado por eles. Quando a Bain & Company realizou um inquérito global a cerca de 800 empresas, verificámos que existia um elevado grau de correlação (95%) entre a eficácia das decisões e os resultados financeiros. Os melhores decisores geram retornos totais médios para os accionistas que são quase 6 pontos percentuais superiores aos das outras empresas. Neste artigo, partilharemos a forma como as empresas de M&A com que trabalhámos estão a utilizar um processo de quatro etapas para reforçar as suas capacidades de decisão para enfrentar a turbulência. Em primeiro lugar, avaliam a eficácia das suas decisões: o que funciona na sua organização e o que é que a impede. Em segundo lugar, identificam as decisões que serão críticas para o seu sucesso. Em terceiro lugar, asseguram que essas decisões são bem tomadas e implementadas com êxito. Finalmente, constroem uma organização que é capaz de decidir e apresentar resultados de forma consistente, mesmo em tempos turbulentos" (Marcolina, 2011). A estrutura organizacional contém todos os componentes tangíveis e intangíveis.

A estrutura do negócio dos meios de comunicação social é diferente das outras e as organizações de meios de comunicação social consideram muitos factores e parâmetros diferentes. Os organismos de comunicação social cujas situações de receitas e despesas são originais avaliam as suas situações em função das receitas da publicidade (Watson-Manheim e Belanger, 2007, 278). A estrutura organizacional é planeada ao pormenor nas organizações de comunicação social, tal como noutras organizações.

As organizações de media são o negócio mais popular e mais comum no mundo e as organizações de media ganham muito mais do que outras. Muitas organizações educativas têm departamentos de organização dos media e ensinam o negócio. Os órgãos de comunicação social tornaram-se um barómetro do desenvolvimento de uma sociedade. A forma como estas organizações são geridas depende do contexto em que se inserem. As organizações de media podem ser assimiladas a um contexto social e económico. (Andreescu, 2016). No entanto, os negócios dos media são eficazes nas pessoas e formam a vida social.

Os media têm soberania sobretudo na cultura e na vida social. A utilização dos meios de comunicação e a cultura organizacional. O presente modelo mostra que a relação entre a cultura organizacional e a riqueza comunicacional dos sistemas pode apresentar relações não lineares e efeitos de interação. Os efeitos de uma cultura forte são mais benéficos quando o meio de comunicação apresenta uma baixa capacidade de transferência de múltiplos aspectos da cultura do que quando tem uma elevada capacidade para o fazer. Se o meio de comunicação puder transferir um número limitado de pistas, então os factores contextuais proporcionados por uma cultura forte aumentam a base comum entre os membros da organização. Esta base comum reforçada permite um melhor processo de comunicação e, por conseguinte, pode melhorar o desempenho da organização (Canessa, 2003, 174). As organizações de media são naturalmente constituídas nos princípios da estrutura económica e funcionam como organizações comerciais, mas produzem produtos espirituais.

Os meios de comunicação social transmitem às pessoas tudo sobre as pessoas e sobre a vida no mundo e também no universo e transmitem às pessoas muitas opiniões e informações. Em especial, os meios de comunicação social ensinam às pessoas uma nova linguagem e desenvolvimentos no mundo e abordagens políticas e artísticas e outras. Os meios de comunicação social não são o único fórum onde as organizações da sociedade civil competem para criar essa mudança cultural, mas são sem dúvida o mais importante (Bail, 2012, 856). Na era moderna, os meios de comunicação social são a única fonte de conhecimento e opinião e as pessoas preferem os meios de comunicação social em vez de livros ou jornais para aprender. É discutível que os meios de comunicação social sejam ou não instrumentos de pessoas ignorantes, mas muitas pessoas vêem os meios de comunicação social (Andrews e Biggs, 2006, 762). As pessoas aprendem muitas informações através dos meios de comunicação social e também têm uma agenda diária através dos meios de comunicação social e tomam decisões sobre diferentes assuntos através dos meios de comunicação social e provam as suas alegações através dos meios de comunicação social e utilizam os meios de comunicação social como referências básicas.

De acordo com Kamau e Berry, as organizações mediáticas reforçam a tomada de decisões em matéria de políticas públicas, situando-se entre os decisores políticos e o público. As organizações dos media são, na verdade, as principais referências de decisão das pessoas na era da tecnologia (Kamau e Berry, 2013, 78). As organizações de media têm e constituem um novo ambiente e uma nova abordagem emerge neste ambiente. Nesta abordagem, as pessoas aprendem a fazer muitos trabalhos através dos media e os media guiam as pessoas pelos caminhos que elas querem (Lawson-Borders, 2006, 20). As organizações dos media são os novos guias das pessoas na era moderna.

A APMG é uma organização de apoio à empresa-mãe, sem fins lucrativos e isenta de impostos, que presta serviços administrativos, financeiros e de recursos humanos às suas organizações e divisões apoiadas, American Public Media, Minnesota Public Radio, The Fitzgerald Theater Company e Southern California Public Radio. A APMG opera o Public Radio Market e o Pretty Good Goods Catalog sob licença da American Public Media.

American Public Media, é o nome da divisão nacional de produção e distribuição de programas da Minnesota Public Radio. A American Public Media é o segundo maior produtor de programas de rádio pública do país, alcançando 19 milhões de ouvintes em todo o país todas as semanas. Os programas nacionais incluem Marketplace, A Prairie Home Companion, Marketplace Weekend, The Splendid Table, On Being™ e reportagens especiais produzidas pela sua unidade nacional de documentários, American RadioWorks.

O MPR é uma subsidiária da APMG, na medida em que a maioria dos Trustees do Conselho de Administração do MPR são eleitos ou aprovados pelo Conselho de Administração da APMG, sendo que todos eles também fazem parte do Conselho de Administração do MPR (http://www.americanpublicmedia.org. 2016).

Conselho de Administração 38 (incluindo os administradores vitalícios)

Presidente Bradbury H. Anderson

Vice-presidente Ian R. Friendly

Secretária Marti Morfitt

Tesoureiro Emery Koenig

Presidente Jon McTaggart

Número de empregados Orçamento do exercício de 2014 423

Número de estações de rádio 45

Música clássica 18

Música clássica e notícias 1

Notícias e informações 24

The Current (música eclética para adultos) 2

Tradutores 39

Receitas operacionais orçamentadas para o ano fiscal de 2014: 93,4 milhões de dólares

Existem diferentes organizações de meios de comunicação social devido às condições existentes, mas a base principal e a estrutura principal são praticamente as mesmas para todos os meios de comunicação social.

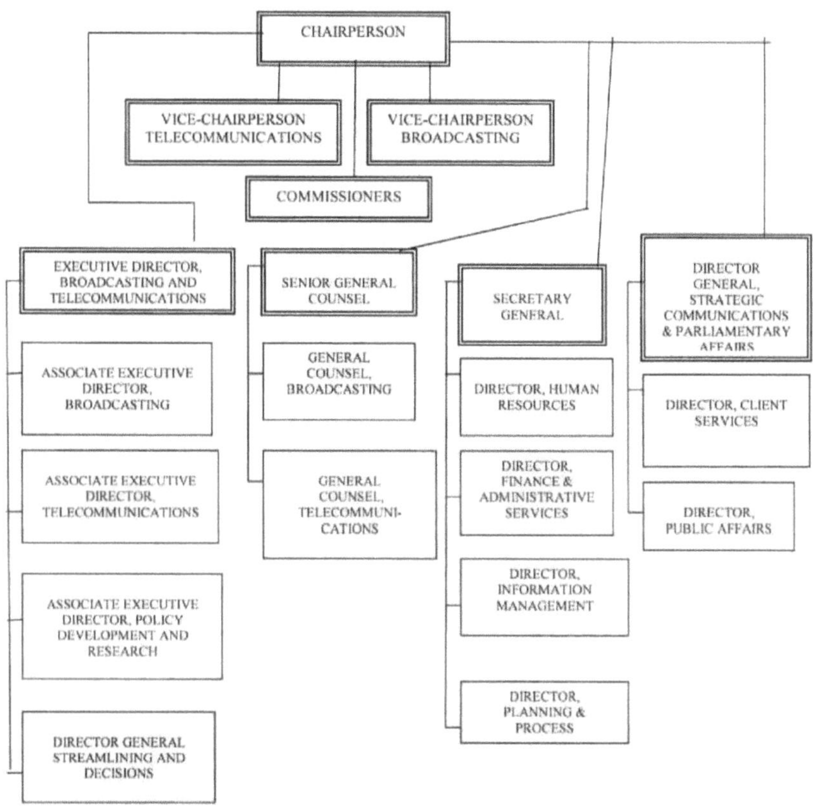

CHAIRPERSON
VICE-CHAIRPERSON TELECOMMUNICATIONS
VICE-CHAIRPERSON BROADCASTING
COMMISSIONERS
EXECUTIVE DIRECTOR, BROADCASTING AND TELECOMMUNICATIONS
SENIOR GENERAL COUNSEL
SECRETARY GENERAL
DIRECTOR GENERAL, STRATEGIC COMMUNICATIONS & PARLIAMENTARY AFFAIRS
ASSOCIATE EXECUTIVE DIRECTOR, BROADCASTING
GENERAL COUNSEL, BROADCASTING
DIRECTOR, HUMAN RESOURCES
DIRECTOR, CLIENT SERVICES
ASSOCIATE EXECUTIVE DIRECTOR, TELECOMMUNICATIONS
GENERAL COUNSEL, TELECOMMUNI-CATIONS
DIRECTOR, FINANCE & ADMINISTRATIVE SERVICES
DIRECTOR, PUBLIC AFFAIRS
ASSOCIATE EXECUTIVE DIRECTOR, POLICY DEVELOPMENT AND RESEARCH
DIRECTOR, INFORMATION MANAGEMENT
DIRECTOR GENERAL STREAMLINING AND DECISIONS
DIRECTOR, PLANNING & PROCESS

HIERARQUIA NAS ORGANIZAÇÕES DOS MEDIA

As empresas de comunicação social são atualmente uma das empresas mais acreditadas e ocupadas do sector. Uma empresa de comunicação social pode especializar-se num único domínio ou pode envolver-se em vários domínios. A empresa de comunicação social é, em termos gerais, categorizada nos seguintes departamentos (http://www.hierarchystructure.com, 2016).

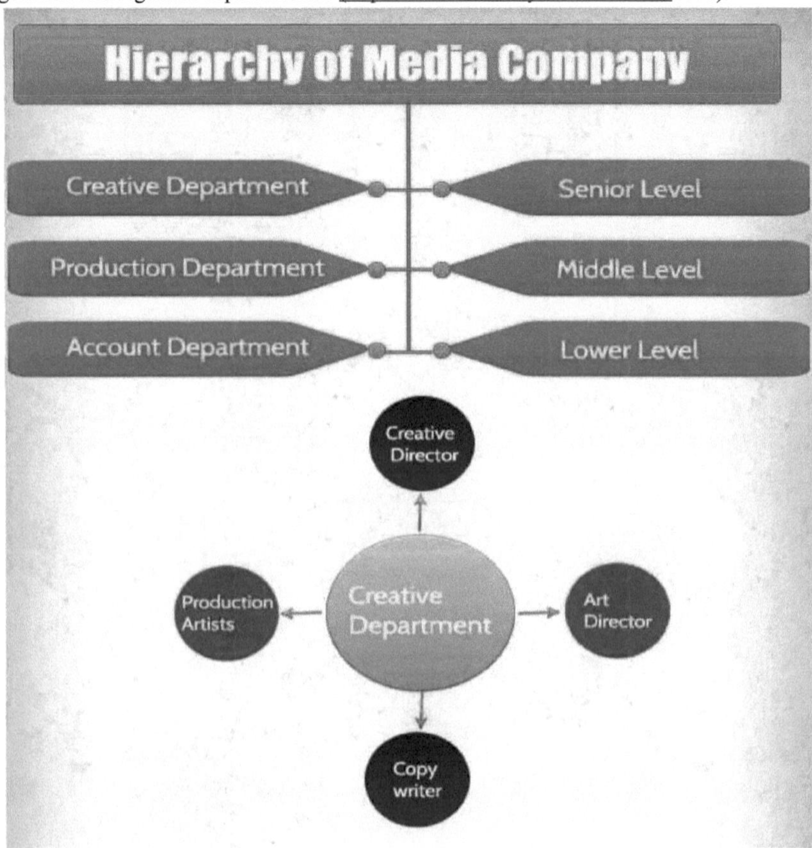

Nível sénior: Este é o cargo mais elevado que se pode obter na hierarquia da empresa de comunicação social. Seguem-se alguns perfis que ocupam o nível intermédio na hierarquia da empresa de comunicação social:

Diretor de empresa de comunicação social, diretor de comunicação social, diretor criativo, diretor de empresa de comunicação social, diretor geral de comunicação social, diretor executivo de comunicação social, diretor de sucursal de comunicação social, diretor artístico, editor de secção, produtor, diretor adjunto de comunicação social, designer multimédia.

Nível intermédio: Este nível apresenta todos os perfis profissionais de nível executivo intermédio. Seguem-se alguns perfis que ocupam o nível intermédio na hierarquia de uma empresa de comunicação social:

Administrador de meios de comunicação social, redator, artista de produção, especialista em comunicações empresariais, repórter, coordenador de programas, especialista em assuntos públicos, especialista em informação sobre os meios de comunicação social, gestor de desenvolvimento de conceitos, publicitário.

Nível inferior: Os profissionais deste nível hierárquico da empresa de comunicação social incluem tanto os mais novos como os mais experientes. Seguem-se alguns perfis que ocupam o nível intermédio na hierarquia da empresa de comunicação social:

Supervisor técnico dos meios de comunicação social, responsável pela informação dos meios de comunicação social, chefe de fotografia, assistente de informação dos meios de comunicação social, especialista em desenvolvimento Web, especialista em redes sociais, fotógrafo assistente, redator técnico, gestor de relações, misturador de som, assistente de palco, analista dos meios de comunicação social, associado sénior dos meios de comunicação social, mentor dos meios de comunicação social, associado dos meios de comunicação social, estagiário (http://www.hierarchystructure.com). Os media também precisam de hierarquia, uma vez que as estruturas organizacionais e a hierarquia determinam naturalmente o sucesso também nos media (Engelberg e Parsons, 2011, p. 81). A hierarquia proporciona a uma organização um trabalho regular e uma produção sistemática.

Hierarquia e eficiência

Existe uma relação hierárquica na vida social e também existe uma relação hierárquica no mundo dos negócios. Uma produção eficiente é possível com uma subordinação regular e relações humanas suficientes influenciam absolutamente o sucesso (Calvo e Sagarzazu, 2011: 9). As organizações de media também empregam muitas pessoas e os media têm de trabalhar com relações humanas suficientes.

A maioria dos trabalhadores dos meios de comunicação social queixa-se de não poder trabalhar com liberdade suficiente e também se queixa de problemas empresariais como gestores opressivos e mobbing recente (Byrne e outros, 2016: 149). Os meios de comunicação social são uma indústria muito dinâmica e as suas organizações têm de trabalhar de forma muito rápida e disciplinada. Os media são a dinâmica mais importante das sociedades e das administrações (Qin e outros, 2017, 133). Esta função acarreta grandes responsabilidades para os media.

Os órgãos de comunicação social são bem sucedidos quando são geridos de forma eficaz. Só nessas circunstâncias podem beneficiar do reconhecimento público. Em termos de qualidade, nota-se uma falta de referência ao contexto de gestão. A imagem da organização é espelhada pelas realizações do gestor (Andreescu, 2009: 51). A gestão dos media também determina o sucesso dos mesmos.

A história das organizações é provavelmente tão longa como a história da humanidade. As primeiras organizações, como famílias ou grupos de caçadores, evoluíram para tribos, reinos e impérios. A necessidade de sobreviver num mundo hostil, de realizar missões demasiado grandes para uma só pessoa e de partilhar recursos escassos, são apenas algumas das razões para a criação das primeiras organizações. A nossa sociedade moderna e a sua tecnologia complexa e em rápido desenvolvimento, que resulta na especialização de peritos em domínios muito restritos, criaram uma razão adicional para a existência de organizações. Atualmente, a maioria dos produtos e serviços baseia-se na integração de hardware, software, dados e conhecimentos humanos - uma combinação que uma única pessoa normalmente não domina totalmente. Assim, são criadas organizações sob a forma de equipas de especialistas para competir nos mercados actuais (Shtub e Karni, 2010: 20). A produtividade dos media aumenta com o sucesso da gestão.

As organizações são geralmente entidades comerciais e, por vezes, têm também objectivos políticos ou culturais. O trabalho dos meios de comunicação social exige disciplina e ética para ter princípios em todas as situações e os meios de comunicação social têm grandes responsabilidades sociais (Tang, 2017: 29). A gestão dos meios de comunicação social tem de ter em conta todos os pormenores humanísticos e desenvolvimentos universais.

Existe uma diferença entre organizações formais e informais. A maioria das organizações formais baseia-se numa definição clara de responsabilidade, autoridade e prestação de contas, enquanto as organizações informais se baseiam em interesses comuns, crenças comuns, valores sociais, sentimentos, tradição, etc. A discussão que se segue centra-se nas organizações formais (Shtub e Karni, 2010: 20). Em todos os casos, a gestão dos media exige disciplina e estruturação hierárquica.

A gestão dos meios de comunicação social está relacionada com o planeamento, a psicologia humana, a política, a economia, a cultura, as relações internacionais e muitas outras coisas. A gestão dos media preocupa-se com a organização das mensagens e também com a organização das pessoas (Deuze e Steward, 2014: 73). A gestão é um trabalho sobre a organização das pessoas.

"Um dos problemas mais fundamentais com o movimento da Nova Gestão Pública tem sido a sua diminuição do carácter estatista e constitucional do cargo burocrático público através da substituição de uma linguagem de administração política por um léxico gerencialista". A gestão das organizações é uma matéria que requer regras e técnicas próprias (Clegg e outros, 2011: 248). A gestão das organizações preocupa-se com o planeamento dos talentos humanos.

As organizações modernas, como as casas da indústria e do comércio, as instituições académicas e os hospitais, para citar apenas alguns exemplos, mostram uma preocupação crescente com o "desperdício humano". A gestão da organização é um tipo de política que diz respeito às pessoas que trabalham para a organização e essa política faz uma distribuição equilibrada entre os funcionários (Linstead e outros, 2009, 278). A gestão das organizações requer métodos diferentes dos outros.

Há muitas formas diferentes de pensar sobre o que constitui uma organização. Nesta altura, no desenvolvimento da ciência das organizações, provavelmente não conhecemos a única forma correcta ou melhor de descrever os diferentes componentes de uma organização. A tarefa é encontrar abordagens úteis para descrever as organizações, para simplificar fenómenos complexos e para identificar padrões naquilo que, à primeira vista, pode parecer um conjunto aleatório de actividades. A nossa abordagem específica considera as organizações como sendo compostas por quatro componentes principais: (1) a tarefa, (2) os indivíduos, (3) as disposições organizacionais formais, e (4) a organização informal (Nadler e outros, 1982: 41). A gestão das organizações também requer elementos intelectuais, bem como condições técnicas.

Os organismos que governam as empresas, os sindicatos, os clubes e as nações empregam pessoas para fazer trabalho e organizam esses empregados em hierarquias de gestão, sistemas que permitem às organizações responsabilizar as pessoas pela realização do trabalho que lhes é atribuído. Infelizmente, as pessoas perdem muitas vezes de vista este objetivo e, em vez disso, estabelecem os níveis organizacionais nas suas hierarquias de gestão para acomodar escalões de remuneração e facilitar o desenvolvimento da carreira. Se o trabalho também for feito, consideramos isso um bónus útil (Jaques, 1990).

Mas se as organizações hierárquicas de gestão de pessoas tendem a sufocar tão rapidamente em práticas burocráticas debilitantes, como é que se explica a persistência e a disseminação continuada desta forma de organização durante mais de 3000 anos? E porque é que a procura determinada de alternativas se revelou tão infrutífera?

A resposta é que a hierarquia de gestão é e continuará a ser a única forma de estruturar sistemas de trabalho unificados com centenas, milhares ou dezenas de milhares de trabalhadores, pela boa razão de que a hierarquia de gestão é a expressão de duas características fundamentais do trabalho real (Jaques, 1990). A hierarquia é uma aplicação humana quando é utilizada corretamente.

O termo hierarquia é utilizado em relação a muitos tipos de organizações. Mas o significado da palavra hierarquia no dicionário (Oxford, 1972) refere-se apenas a dois tipos de organizações. O primeiro é o das organizações religiosas. A palavra hierarquia foi introduzida no latim a partir de uma palavra grega que significa um governante sagrado ou o presidente dos ritos sagrados, que é ou foi um sumo sacerdote. Em latim, significa o poder ou o domínio do episcopado. Como adjetivo, a palavra hierarquia significa ter domínio nas coisas sagradas ou entre os sagrados, ou aquele que tem domínio ou autoridade nas coisas sagradas. A palavra hierarquia, de forma mais enfática, remete-nos para a organização religiosa. Para além de significar regra ou domínio nas coisas sagradas, regra ou governo sacerdotal e um sistema de governo eclesiástico, significa também as divisões dos ângulos (Chattopadhyay e Malhotra, 1991, 23). A gestão das organizações sempre exigiu trabalhos bem planeados.

"Durante a ofensiva do Tet de 1968 no Vietname, uma equipa de filmagem da NBC estava a cobrir as escaramuças em torno de Saigão. Na quinta-feira, 2 de fevereiro, o correspondente Howard Tuckner e a sua equipa vietnamita estavam a filmar quando um grupo de fuzileiros navais sul-vietnamitas apresentou um prisioneiro ao Brigadeiro-General Nguyen Ngoc Loan. O fotógrafo da Associated Press, Eddie Adams, também estava presente e ganhou um Prémio Pulitzer pela sua famosa fotografia do que aconteceu a seguir, quando o General Loan sacou calmamente da sua arma e rebentou com os miolos do prisioneiro.

Nessa tarde, a equipa da NBC reuniu-se com o chefe da agência de Saigão e discutiram a melhor forma de apresentar a execução e outros acontecimentos do dia. Foi enviado um telex para Nova Iorque com informações sobre as histórias disponíveis. Quando o produtor executivo do "Huntley-Brinkley Report", Robert Northshield, chegou ao trabalho no dia seguinte, a mensagem de Saigão estava à espera, notificando-o de que o filme da execução, agora amplamente divulgado, estava disponível. Telefonou para o gabinete de Tóquio, para onde o filme tinha sido enviado para transmissão por satélite, e expressou reservas quanto ao facto de o filme ser de "mau gosto", mas o produtor de Tóquio garantiu-lhe que sim.

Uma organização pode ser definida como a entidade social, formal e geralmente económica que emprega o trabalhador dos media para produzir conteúdos mediáticos. Tem limites definidos, de modo que podemos dizer quem é e quem não é membro. É dirigida por objectivos, composta por partes interdependentes e estruturada burocraticamente - os membros desempenham funções especializadas, em papéis padronizados" (Shoemaker e Reese, 1996: 139). Todos os trabalhos mediáticos são complicados e exigem um grande esforço e disciplina.

Nas últimas duas décadas, as grandes organizações de meios de comunicação social têm conhecido gabaritos culturais de um tipo semelhante. Durante muitos anos, os gestores de topo e os criadores de conteúdos criativos viveram em mundos separados, muitas vezes com objectivos e valores contraditórios que dificultavam a definição de estratégias unificadoras e a clareza operacional. Nos últimos anos, uma série de mudanças importantes influenciaram esta divisão cultural. A primeira foi a profissionalização da gestão e a introdução de uma série de ferramentas gerais de gestão no final dos anos 1980 e 1990. A segunda são as consequências do novo ambiente mediático com a digitalização, a interatividade, os conteúdos gerados pelos utilizadores, etc. Com especial atenção para os desafios do novo ambiente digital, o objetivo deste capítulo é descrever estas mudanças e ilustrar como influenciaram a forma como as grandes empresas de comunicação social foram organizadas e geridas (Nissen, 2011, 2). Os desenvolvimentos contemporâneos e a tecnologia também alteram as estruturas dos media.

Uma estrutura deste tipo define a gestão como um processo "descendente": a comunicação e o movimento dentro da organização ocorrem verticalmente, em colunas. Existe uma forte hierarquia e uma demarcação rígida entre funções. As divisões, os departamentos e as unidades desenvolvem as suas próprias culturas "tribais" e defendem ferozmente o seu território. A organização é dominada por sistemas, procedimentos e regulamentos. De facto, qualquer pessoa que tenha trabalhado numa organização deste tipo reconhecerá a sensação de que os resultados parecem por vezes menos importantes do que o cumprimento seguro das regras: o processo tem precedência sobre o resultado (Thomas, 2009: 32). Numa estrutura hierárquica, as pessoas trabalham com mais afinco, mas de forma disciplinada, o que aumenta a produtividade.

A gestão das organizações varia de cultura para cultura, mas os princípios básicos são os mesmos. As estruturas e os sistemas são apenas um aspeto da gestão; trata-se também de relações e de liderança. O estabelecimento de um estilo de gestão determinará que tipo de organização é a sua, como é trabalhar nela e, em última análise, qual será o seu sucesso. Uma abordagem é a do tirano. Autocrático e ditatorial, este é o melhor estilo de gestão do topo para a base. O tirano governa por decreto e pode suprimir a dissidência ou o pensamento alternativo através da intimidação ou da intimidação. Por vezes, é conhecida como a escola de gestão do "medo e aversão", a partir do latim tag oderint dum metuant: "deixai-os odiar-me, enquanto me temerem". A disciplina é sempre um sucesso e a disciplina requer frequentemente hierarquia (Webb, 2016: 463). As empresas de media também precisam de hierarquia, como as organizações mais populares da era moderna.

É preciso dizer que foram alcançados alguns sucessos notáveis através destas técnicas (a história militar está repleta delas - e alguns editores de jornais famosos estão ao lado dos generais mais tirânicos). Mas desperdiçam o potencial de muitas pessoas boas e criam um ambiente de trabalho bastante desagradável (Thomas, 2009: 40). O trabalho está relacionado com a psicologia humana, mas também com a disciplina e a estrutura hierárquica.

Os gestores de meios de comunicação social têm de planear muito bem os trabalhos e têm de fazer bom uso dos talentos das pessoas. Os gestores dos meios de comunicação social são também responsáveis pela gestão da hierarquia e devem verificar todos os pormenores da estrutura hierárquica (Stanig, 2015: 184). A Disney tem de ser compreendida e desempacotada porque é um líder mundial em entretenimento de massas implicado na globalização do capitalismo e no esforço concertado para desregulamentar e privatizar a cultura mundial. Produtor e distribuidor internacional altamente competente de produtos culturais capitalistas, a Disney promove um conteúdo ideológico que é paralelo às exigências sociais e políticas da atividade económica capitalista: Hierarquia, coerção de elite, hiper-individualismo e atomismo social (Artz, 2003: 185). A hierarquia é utilizada em todas as convenções mediáticas, da animação à orçamentação.

O trabalho regular e a responsabilidade facilitam o trabalho das pessoas e aumentam a sua eficiência. As pessoas desenvolveram diferentes formas de trabalhar eficazmente num ambiente pacífico. A relação de subordinação permite que as pessoas trabalhem de forma eficiente.

As relações de subordinação existem desde os primeiros povos e criaram regras sociais. As relações hierárquicas existem desde os primórdios e determinam o estilo de vida e a produtividade. À medida que as empresas evoluíram, as relações hierárquicas também foram organizadas no passado. As organizações modernas precisam absolutamente de uma organização hierárquica e a organização hierárquica aumenta certamente a eficiência.

As pessoas utilizavam os métodos tradicionais de comunicação nos primeiros tempos e de organização nos anos seguintes. As organizações dos meios de comunicação social são as mais populares e as mais comuns na era moderna e têm como principal objetivo ganhar muito. Para além da transferência de mensagens, as mensagens das organizações mediáticas contêm efeitos artísticos e espirituais. As abordagens humanitárias são o ponto fraco das organizações de comunicação social, pelo que estas têm de ser mais cuidadosas e ordenadas. Para isso, os órgãos de comunicação social precisam de hierarquia.

As empresas de comunicação social funcionam de forma constante e intensa e têm o dever de trabalhar regularmente. A hierarquia organiza as relações humanas e a distribuição de tarefas e proporciona um trabalho regular. A hierarquia é absolutamente necessária em trabalhos complicados e de ritmo elevado como os dos media. As organizações mediáticas bem sucedidas tornaram-se produtivas graças à hierarquia.

SER UMA ORGANIZAÇÃO MEDIÁTICA DE SUCESSO

O nome de Don Messer é bem conhecido de muitos canadianos e da maioria dos seguidores da música de fiddle. Nasceu em 1909 no seio de uma família escocesa canadiana numa quinta em New Bruns-Wick. Aos 16 anos, quando saiu de casa para viver com uma tia enquanto trabalhava em Boston, já era aclamado como um bom violinista dos velhos tempos, com experiência como tocador em bailes rurais e em entretenimentos caseiros. Em Boston, Messer teve aulas de violino, aprendendo a ler música e a segurar o instrumento de forma "correcta". Quando regressou a Saint John, New Brunswick, em 1929, começou a tocar em bailes e a fazer transmissões com um grupo frequentemente designado por Don Messer and the New Brunswick Lumberjacks. Durante a década de 1930, algumas das suas emissões de rádio foram transmitidas a nível nacional; foi escolhido para representar New Brunswick nos Sportsmen's Shows anuais em Boston, entre 1936 e 1939. Fez as suas primeiras gravações para a Compo Records de Montreal em 1937 e continuou a gravar para essa empresa (que acabou por se tornar parte da MCA) até pouco antes da sua morte. Em 1939, foi contratado para tocar na estação de rádio CFCY em Charlottetown, Prince Edward Island, onde se tornou o líder de uma banda já existente na estação, The Is- landers. A popularidade e a influência destes espectáculos foram testemunhadas pelo violinista de Ottawa Valley, Dawson Girwood (Rosenberg, 2002, 191). Existem diferentes formas de ter sucesso nos media.

É um facto estabelecido que as redacções têm de mudar rapidamente para sobreviverem no novo ecossistema do jornalismo. Como resultado, as políticas de pessoal mudam, os fluxos de trabalho são perturbados e a liderança muda. Embora as organizações de jornalismo possam aprender muito com o sector da tecnologia, existem ainda enormes riscos, especialmente para os membros da força de trabalho que não pertencem à direção.

Tomemos como exemplo a Advance Publications, proprietária do Cleveland Plain Dealer e do Northeast Ohio Media Group. Depois de um verão de despedimentos no Plain Dealer, o recém-criado e não sindicalizado Northeast Ohio Media Group fez uma série de contratações rápidas diretamente da redação do Plain Dealer, reduzindo o número total de funcionários sindicalizados para um número inferior ao acordado contratualmente (www.cjr.org/business, 2016). Ser um órgão de comunicação social bem-sucedido implica, em geral, formar o pessoal e confiar nele de forma adequada.

Alguns órgãos de comunicação social utilizam a política para obter poder e obter a contribuição dos políticos. O sistema constitucional americano, com os seus múltiplos pontos de veto e separação de poderes, requer compromisso e consenso para funcionar eficazmente. Assim, os media partidários aumentam a polarização das massas, não transformando os moderados em extremistas, mas polarizando ainda mais aqueles que já estão longe do centro político. Os media partidários polarizam os cidadãos activos e empenhados, que por sua vez ajudam a alimentar a polarização das elites. Embora a maioria dos eleitores seja moderada e nunca ouça as mensagens dos meios de comunicação partidários, ao afetar um grupo mais extremo de indivíduos, as consequências dos meios de comunicação partidários estendem-se de forma bastante ampla (Levendusky, 2013, 620). A política e os políticos são materiais disponíveis para os media atraírem pessoas e serem bem-sucedidos.

Alguns investigadores efectuaram uma análise mais aprofundada para explorar a razão pela qual os membros do governo foram capazes de traduzir a proposta de legislação em aumentos de votos. Identificam quatro factores potenciais que podem mediar a relação entre o poder de propor e um aumento da percentagem de votos na eleição subsequente: O efeito dos media, o oponente de qualidade, os recursos de campanha e as hipóteses de popularidade. Os três primeiros efeitos não encontram apoio nos seus resultados. Consideram a cobertura mediática como o número de vezes que um deputado foi mencionado nos jornais canadianos durante o Parlamento anterior à eleição (Loewen e outros, 2014, 193). Existe uma relação natural entre os efeitos mediáticos e políticos e o sucesso.

Os meios de comunicação são, de facto, instrumentos que transmitem mensagens de um lado para o outro. Que qualidades determinam se uma produção audiovisual, vista no teatro ou na televisão, no computador, no telemóvel ou no ecrã de MP3, é "filme" ou "vídeo"? Os substratos materiais da película de celuloide e da cassete de vídeo estão obsoletos e a desaparecer, mas cada um permanece como uma figura de estilo, um metónimo que representa um meio - ou seja, um conjunto de práticas tecnológicas e culturais que mudaram ao longo do tempo. Na era da inscrição, edição e distribuição digitais, é difícil manter uma estética de pureza baseada em fortes distinções entre os media. Embora seja comum distinguir entre "filme" e "vídeo", estas categorias mutáveis baseiam-se em metáforas e pontos de referência históricos variados. Os termos "filme" e "vídeo" representam uma família de expectativas conceptuais e formais inflectidas por locais (Morse, 2008, 21). Por muito atrativo que um meio de comunicação seja, é tão eficaz que o é.

Uma das formas de sucesso é a mudança de método ou de técnica. Toda a gente e todas as organizações têm algumas formas de ter sucesso e de ganhar muito. Por vezes, as formas são inadequadas e a mudança torna-se necessária. Uma vez que os investigadores não conhecem o "verdadeiro" número de pontos de mudança ex ante, a deteção do número de pontos de mudança utilizando métodos de seleção de modelos é fundamental na análise dos pontos de mudança. Note-se que a comparação de modelos de pontos de mudança não pode ser efectuada com as ferramentas habituais de comparação de modelos, como os rácios de verosimilhança ou a Crição de Informação de Akaike, devido à natureza não aninhada dos modelos de pontos de mudança. No entanto, o facto de não estarem aninhados não constitui um problema na comparação de modelos Bayesianos (Park, 2010,769). As mudanças são frequentemente úteis e trazem sucesso.

Uma das formas de ser bem sucedido é o repovoamento. As relações públicas e o otocontrolo são formas de reabastecimento. Os gestores e líderes poderosos das organizações mediáticas apercebem-se das carências e das necessidades. Os gestores repõem as carências corretamente e aproximam-se do sucesso. Uma série de actuações significativas em meados da década de 1980 cimentou a posição de Chavez como uma figura proeminente na vida musical dos EUA. Em 28 de janeiro de 1936, Chávez conduziu um concerto para a rádio CBS que incluía sua própria composição, Sinfonia India. Com base no seu sucesso com H.P. e na transmissão da CBS em março de 1936, Chavez iniciou a sua carreira como maestro convidado nos Estados Unidos, estreando-se em Nova Iorque com a Orquestra Sinfónica de Brooklyn da WPA. No final do mês, actuou também com a Orquestra de Filadélfia; duas semanas depois, dirigiu a Orquestra Sinfónica de Boston. Na temporada seguinte, dirigiu a Filarmónica de Nova Iorque em seis concertos, actuando também com a Orquestra Sinfónica de Cleveland e o Coolidge Ensemble de Washington, DC. Em muitos destes concertos, H.P. foi apresentado. Referências à estreia de 1932 apareceram na imprensa da zona. As orquestras não executaram a obra completa, mas sim andamentos seleccionados, provavelmente o primeiro, segundo e terceiro andamentos que agora constituem a Horsepower Suite. Críticos de jornais e revistas escreveram sobre esses concertos com zelo, muitas vezes elogiando a habilidade de Chávez como maestro e compositor (Gibson, 2012, 184). O reabastecimento é sempre uma forma disponível de obter energia.

ARMADILHAS DOS MEDIA MODERNOS

Será que as pessoas precisam realmente dos media e os media respondem realmente às necessidades das pessoas? Se não existirem meios de comunicação social, a vida não sobrevive? As pessoas viveram muitos milhares de anos sem meios de comunicação social ou com meios de comunicação social. A vida era naturalmente diferente sem os media no passado e naturalmente diferente com os media no presente. Os media tornaram-se grandes organizações após a era da tecnologia e, na sua maioria, tornaram-se organizações comerciais. As organizações modernas têm uma estrutura profissional e princípios ambiciosos e até objectivos cruéis. As organizações dos media também têm os mesmos princípios e objectivos.

As épocas mudam no seu próprio carácter e mudam as pessoas nas suas abordagens e introduzem ferramentas e abordagens contemporâneas (Lebo ve Weber, 2015, 253). A maioria das pessoas abandonou as épocas tradicionais e sente-se feliz nas condições modernas da era contemporânea. Desde a Revolução Industrial, quase tudo mudou, da arquitetura às crenças, e os benefícios materiais mudam frequentemente o mundo e as pessoas (Fenichel e Abbott, 2014, 18). A ideia de benefícios materiais começou por fazer as pessoas felizes, mas depois deixou-as arrepiadas. Após a depressão, as pessoas procuraram um refúgio seguro e encontraram meios de comunicação atraentes na era moderna (Schleiter, 2014, 192). Os meios de comunicação social proporcionaram às pessoas muitas produções coloridas e atractivas para as atrair para o seu mundo fantástico.

A era moderna assenta na base tecnológica e os produtos mais populares da tecnologia são os meios de comunicação social. Muitas pessoas utilizam os meios de comunicação social nos últimos tempos e planeiam as suas vidas com base nos meios de comunicação social e tomam decisões com base nos meios de comunicação social, pelo que estes ganham muito com o seu grande interesse (Watson-Manheim e Belanger, 2007, 285). Os media são emissores do processo de comunicação e enviam sempre mensagens, mas será que recebem feedback? Não há dúvida de que os media apenas transmitem as suas mensagens e afectam as pessoas, mas não as recebem. A componente mais popular dos meios de comunicação, a televisão, envia muitas mensagens às pessoas, que se interessam muito por ela e planeiam as suas vidas em função da televisão (Jonsson e outros, 2009, 219). A televisão transmite muitas mensagens às pessoas e as mensagens da televisão afectam uma grande massa no mundo.

O envio e a receção de mensagens existem desde os primórdios e as técnicas e os instrumentos mudaram ao longo dos tempos. As pessoas não passaram tempo sem comunicar e tentaram sempre desenvolver técnicas contemporâneas. Todas as técnicas foram colocadas com as suas abordagens na vida (Joskowicz, 2016, 136). As pessoas desenvolveram possibilidades desde técnicas simples a mecânicas complexas e lutaram para tornar a vida mais fácil.

A comunicação é a transmissão de informações, sentimentos e pensamentos entre as pessoas. As pessoas sempre desenvolveram diferentes formas e instrumentos para comunicar e obter facilmente notícias sobre os outros (Cereci, 2012, 57). Para além da prática entre as pessoas, a comunicação é também considerada na filosofia e na política. Alguns filósofos explicaram a comunicação nas relações de produção e alguns políticos planearam os meios de comunicação como as armadilhas da cultura de consumo (Anderson ve Souva, 2010, 551). Num curto espaço de tempo, os media transformaram-se em instrumentos que propagam a cultura de consumo.

Existem 4 componentes no processo de comunicação. O feedback é uma componente complementar absoluta, mas os instrumentos designados por meios de comunicação não consideram o feedback e, por isso, as suas actividades não se transformam em comunicação (Cereci, 2016, 34). Os meios de comunicação enviam sempre mensagens, mas geralmente não recebem feedback.

Os meios de comunicação que pertencem aos detentores de capital enfatizam os princípios do capitalismo em produções atractivas e transmitem o estilo de vida que se baseia no consumo permanente. Tanto os proprietários de capital como os fabricantes ganham muito através dos media e a maioria das pessoas não tem consciência desta política (Bello, 2009, 92). As pessoas são bordadas através de jogos divertidos na política capitalista e conduzidas a gastar dinheiro constantemente. As pessoas que estão num ritmo de vida elevado e em caos refugiam-se nos meios de comunicação social. Os media estabelecem uma cultura moderna e muitas pessoas no mundo consideram e vivem nesta cultura (Willems, 2014, 17). Os media são instrumentos indispensáveis da era moderna.

O capitaslismo é uma armadilha que persegue as pessoas através dos seus enormes atractivos e provoca graves desigualdades (Watson, 2015, 36). O capitalismo é a economia política que envolve a vida das pessoas com o consumo, mas não com a produção (Marinkovic e Stanisavljevic, 2012, 533). O capitalismo é uma política que provoca muitas injustiças diferentes e causa discriminação de classe na sociedade (Reich, 2007, 40). Quando os proprietários de capital preparam armadilhas para as pessoas, visam todas as pessoas sem discriminação de raça, religião ou idade e concebem produtos atractivos para todos.

A comunicação de massas é uma forma de comunicação que é formada pela utilização de diferentes técnicas para influenciar muitas pessoas. Os media são os instrumentos que transmitem mensagens de uma fonte para grandes massas. Os órgãos de comunicação social ganham muito e têm soberania sobre as pessoas e fazem os donos do capital felizes. Muitas pessoas sufocam devido às condições conjunturais e encontram soluções no mundo atrativo dos meios de comunicação social e refugiam-se neles (Levendusky, 2013: 616). As organizações mediáticas aproveitam a oportunidade e apresentam produtos mais atractivos para as pessoas.

Os principais meios de comunicação social são os jornais, as revistas, a rádio, a televisão e a Internet. Os meios de comunicação social são ferramentas poderosas que podem produzir e transmitir a cultura moderna e estão muito disponíveis para serem utilizados pelos detentores de capital (Dilliplane e outros, 2013, 243). A tecnologia constrói mundos fascinantes e lendários para as pessoas e, especialmente, os meios de comunicação electrónicos levam as pessoas a mundos mágicos. As pessoas sentem-se felizes e descontraídas no fantástico mundo da tecnologia (Cereci, 2015, 220). O mundo mágico dos media atrai as pessoas para si próprias e olha-as como uma forma de salvação.

Os meios de comunicação social são os principais componentes da vida das pessoas na era moderna, conduzem a vida das pessoas e atraem a atenção dos detentores de capital. A grande atração significa grande ganho (Stamm, 2010, 26). Muitos proprietários de capital planeiam ter uma organização de media para aumentar o seu capital e ganhar mais. Os media são as ferramentas mais fascinantes que afectam as pessoas (Lorentzen, 2014: 409). As organizações de media são as organizações mais populares na era moderna.

As pessoas estão sempre interessadas no mundo trancendental e querem aprender sobre o inglório e algumas pessoas usaram intermediários para aprender e chamaram-lhes médium (Kodish, 2013, 445). Os médiuns usavam o método trans e concentravam-se num tópico que queriam abordar e transmitiam-no às pessoas com o seu poder espiritual. O médium é o homem que usa o seu poder espiritual mais do que os outros (Williams, 1975, 122). O médium conta muitas realidades com o seu poder místico e os médiuns são pessoas de confiança em algumas culturas.

Os media são os principais componentes da vida moderna e os instrumentos mais populares do século XXI. Os meios de comunicação social são seguidos por muitas pessoas e têm uma soberania sobre as pessoas, orientam a vida quotidiana e afectam os administradores do mundo devido ao seu poder de atração. Os media apresentam às pessoas mundos fantásticos e levam-nas a imagens atraentes, afastando-as dos seus problemas e desviando-as (Chrisman, 2013, 75). Devido aos efeitos dos media, estes são considerados as principais referências na vida e são utilizados como fontes de conhecimento e de notícias e desenvolvimentos pelas pessoas.

A origem da palavra médium é latina e significa intermediário ou instrumento ou porteiro ou algo que se encontra entre dois componentes (Smith e Kosslyn, 1980, 251). Tudo o que era utilizado para transmitir ou receber algo era designado por médium na Antiguidade e era admirado pelas pessoas devido à sua função. O meio era utilizado como uma forma e um instrumento para obter conhecimentos e outras mensagens de que as pessoas necessitavam (Morse, 2008, 22). O médium era naturalmente tão importante como os meios de comunicação social no passado como os meios de comunicação social são importantes recentemente.

Havia muitas dificuldades nos tempos antigos e a vida era mais pesada do que nos tempos recentes e as pessoas precisavam de mais conhecimentos para sobreviver no passado. Por causa das condições, as pessoas também precisavam de aprender o futuro e de aprender o mundo desconhecido e procuravam facilidades para aprender (Winterer, 2010, 11). As necessidades geraram muitas facilidades, como todas as experiências humanas.

Existe um processo de comunicação clássico na teoria da comunicação e há 5 componentes principais num processo de comunicação clássico: o emissor, o meio, a mensagem, o destinatário e o feedback. O meio é um dos principais componentes do processo de comunicação e é utilizado para transmitir a mensagem do emissor para o recetor, mas o meio nunca envia a mensagem. O meio é uma espécie de forma pela qual a mensagem é transmitida do emissor para o recetor e o meio é, na verdade, um componente objetivo do processo de comunicação (Myers, 2015, 101). O carácter do meio é naturalmente importante para a produtividade do processo de comunicação e um meio disponível leva naturalmente a mensagem ao recetor com sucesso.

As pessoas interrogam-se sempre sobre o mundo desconhecido e querem aprender o futuro e precisam de instrumentos ou de alguém que obtenha conhecimentos ou mensagens do mundo trancendental para as pessoas e que transmita as mensagens que as pessoas querem aprender. Algumas pessoas aplicavam a astronomia e as existências no céu ou aplicavam as estrelas e a sorte e utilizavam alguns instrumentos para obter conhecimentos ou mensagens (Wurgaft, 2013, 45). Algumas pessoas que eram chamadas de médiuns ajudavam as pessoas a aprender o desconhecido ou a aprender o futuro no passado. O médium é sobretudo conhecido como alguém que transmite mensagens de existências trancendentais às pessoas e as pessoas querem usar o médium para obter conhecimento sobre o futuro ou sobre a vida (Rahaghi, 2012, 176). O médium tem um poder extraordinário para obter conhecimentos sobre o desconhecido e sobre o futuro e as pessoas admiram naturalmente o poder do médium.

Na verdade, o meio é a forma como a mensagem é transmitida do remetente para o destinatário. Os meios de comunicação têm uma função como meio e recebem a mensagem de uma fonte e transmitem-na às pessoas, mas há alguns problemas em alguns casos. O meio ou os media podem intervir na mensagem e podem alterá-la ou obscurecê-la (Troset e DeLoache, 1998, p. 957). A intervenção dos meios de comunicação na mensagem provoca uma discussão sobre a fiabilidade dos meios de comunicação e prejudica a fiabilidade dos meios de comunicação.

Um facto central da vida organizacional contemporânea é a utilização rotineira de meios de comunicação que dependem da tecnologia de informação informática em rede sob o controlo de utilizadores individuais. O primeiro atributo?largura de banda social?capta aspectos da utilização dos meios de comunicação relacionados com a presença e a transmissão de informação social, que inclui tanto pistas de identidade social como pistas relacionais. O segundo atributo é a interatividade, que delineia os elementos temporais de uma troca de comunicação utilizando um determinado meio. A interatividade capta a taxa de transmissão de mensagens e o padrão de respostas proporcionado pelo meio de comunicação, bem como a velocidade com que ocorre o feedback. Um outro componente da interatividade encontra-se na distinção entre formas de comunicação assíncronas e síncronas. Em terceiro lugar, os media variam na medida em que a comunicação permite a vigilância por partes externas (aqueles que estão para além da díade agente-alvo mas que podem ter um interesse na tentativa de influência) (Barry e Fulmer, 2004, 276). Claramente, os atributos dos media discutidos acima têm uma certa realidade objetiva - inerente às propriedades estáticas dos próprios media - mas também podem ser representados como características dinâmicas e socialmente construídas dos media por um comunicador individual.

Há muitas pessoas diferentes na Terra, diferentes personagens vivem no mundo e comunicam entre si, transmitindo numerosas mensagens aos outros. O tráfico de seres humanos é uma das principais preocupações da política internacional do século XXI. Embora o tráfico de seres humanos seja frequentemente confundido com o tráfico de seres humanos e a migração, uma vez que estas práticas também envolvem a deslocação de pessoas, existem diferenças importantes entre elas. O "Protocolo das Nações Unidas para Prevenir, Reprimir e Punir o Tráfico de Pessoas, Especialmente Mulheres e Crianças, Suplementando a Convenção das Nações Unidas contra o Crime Organizado Transnacional" (também conhecido como Protocolo de Palermo) define "tráfico de pessoas" como "o recrutamento, transporte, transferência, transferência, alojamento ou acolhimento de pessoas, recorrendo à ameaça ou uso da força ou a outras formas de coação, ao rapto, à fraude, ao engano, ao abuso de autoridade ou à situação de vulnerabilidade ou à entrega ou aceitação de pagamentos ou benefícios para obter o consentimento de uma pessoa que tenha autoridade sobre outra, para fins de exploração." Em suma, as características que definem o tráfico são, em primeiro lugar, o transporte de uma pessoa; em segundo lugar, a força, a fraude ou a coação; e, por último, a exploração. Por esta definição, o consentimento de uma pessoa é irrelevante (Parrenas e outros, 2012, 1023). Numa sociedade, todos precisam dos outros e quase todos pertencem a um grupo social que executa a vida boémia. O meio é um instrumento que transmite mensagens de uma pessoa para outra e os media são instrumentos que recolhem mensagens do mundo e as transmitem às pessoas ou produzem algumas mensagens organizacionais e as transmitem.

As organizações de media são o negócio mais popular e mais comum no mundo e as organizações de media ganham muito mais do que outras (Siegel, 2013, 266). Muitas organizações educativas têm departamentos de organização dos media e ensinam o negócio. As organizações de media tornaram-se um barómetro do desenvolvimento de uma sociedade. A forma como estas organizações são geridas depende do contexto em que podem ser inseridas. As organizações mediáticas podem ser assimiladas a um contexto social e económico (Andreescu, 2016). No entanto, os negócios dos media são eficazes nas pessoas e formam a vida social.

Os media têm soberania sobretudo na cultura e na vida social. A utilização dos meios de comunicação e a cultura organizacional. O presente modelo mostra que a relação entre a cultura organizacional e a riqueza comunicacional dos sistemas pode apresentar relações não lineares e efeitos de interação. Os efeitos de uma cultura forte são mais benéficos quando o meio de comunicação apresenta uma baixa capacidade de transferência de múltiplos aspectos da cultura do que quando tem uma elevada capacidade para o fazer. Se o meio de comunicação puder transferir um número limitado de pistas, então os factores contextuais proporcionados por uma cultura forte aumentam a base comum entre os membros da organização. Esta base comum reforçada permite um melhor processo de comunicação e, por conseguinte, pode melhorar o desempenho da organização (Canessa, 2003, 174). As organizações de media são naturalmente constituídas nos princípios da estrutura económica e funcionam como organizações comerciais, mas produzem produtos espirituais.

Os meios de comunicação social transmitem às pessoas tudo sobre as pessoas e sobre a vida no mundo e também no universo e transmitem às pessoas muitas opiniões e informações. Em especial, os meios de comunicação social ensinam às pessoas uma nova linguagem e desenvolvimentos no mundo e abordagens políticas e artísticas e outras. Os meios de comunicação social não são o único fórum onde as organizações da sociedade civil competem para criar essa mudança cultural, mas são sem dúvida o mais importante (Bail, 2012, 856). Na era moderna, os meios de comunicação social são a única fonte de conhecimento e opinião e as pessoas preferem os meios de comunicação social em vez de livros ou jornais para aprender. É discutível que os meios de comunicação social sejam ou não instrumentos de pessoas ignorantes, mas muitas pessoas vêem os meios de comunicação social (Andrews e Biggs, 2006, 762). As pessoas aprendem muitas informações através dos meios de comunicação social e também têm uma agenda diária através dos meios de comunicação social e tomam decisões sobre diferentes assuntos através dos meios de comunicação social e provam as suas alegações através dos meios de comunicação social e utilizam os meios de comunicação social como referências básicas.

De acordo com Kamau e Berry, as organizações mediáticas reforçam a tomada de decisões em matéria de políticas públicas, situando-se entre os decisores políticos e o público. As organizações dos media são, na verdade, as principais referências de decisão das pessoas na era da tecnologia (Kamau e Berry, 2013, 78). As organizações de media têm e constituem um novo ambiente e uma nova abordagem emerge neste ambiente. Nesta abordagem, as pessoas aprendem a fazer muitos trabalhos através dos media e os media guiam as pessoas pelos caminhos que elas querem (Lawson-Borders, 2006, 20). As organizações dos media são os novos guias das pessoas na era moderna.

Na era moderna, as pessoas vivem num mundo de ritmo acelerado e complicado, tentam ganhar mais e lutam para satisfazer os seus desejos e querem ser superiores aos outros. Esta situação torna as pessoas tensas e cansadas (Miles, 2014, 219). A era moderna apresentou às pessoas a cultura popular e as pessoas adoptaram facilmente a cultura popular devido aos atractivos da cultura popular e os meios de comunicação social tornaram-se a componente mais atraente da cultura popular. Os meios de comunicação social apresentaram às pessoas muitas produções divertidas e reconfortantes durante quase 50-60 anos (Pickard, 2015, 124). As pessoas inclinavam-se para os meios de comunicação social devido às suas produções muito atractivas e excitantes e consideravam os meios de comunicação social como componentes principais da sua vida.

Os meios de comunicação social apresentam às pessoas imagens coloridas, música emotiva, notícias actuais e emocionantes, séries curiosas, filmes absorventes, etc. Os meios de comunicação social quase apresentaram às pessoas aquilo de que elas precisam na era moderna e responderam às necessidades das pessoas que sofriam com os problemas da era moderna (Valcke, 2011, 313). Os meios de comunicação modernos cobrem toda a vida, das notícias ao entretenimento e da vida social às compras. As pessoas geralmente precisam de menos coisas com os meios de comunicação, porque os meios de comunicação respondem a muitas necessidades das pessoas e fazem as pessoas felizes (Dunbar-Hester, 2014, 561). As pessoas consideram que os media são a principal componente da sua vida.

Os media servem o consumo e aumentam o consumo através das suas produções. Os criadores de cultura popular escolheram especialmente os media para afetar e cativar as pessoas

(Kim e outros, 2006, 89). Os media ensinam às pessoas como vivem no mundo moderno e como planeiam a sua vida quotidiana graças à cultura popular. Os meios de comunicação social transmitem às pessoas todos os componentes da cultura popular e todas as produções dos meios de comunicação social são revestidas de uma atração vistosa.

Os trabalhadores dos meios de comunicação concebem a produção mais atractiva para levar as pessoas a mundos imaginários fantásticos e tentam removê-las do mundo real para o mundo artificial (Chen, 2017, xiv). Os meios de comunicação social afastam as pessoas dos problemas da era moderna e apresentam às pessoas produções esplêndidas e os meios de comunicação social entretêm as pessoas na era moderna.

A era moderna não pode ser avaliada sem os meios de comunicação social devido à soberania destes na vida das pessoas. Os meios de comunicação ocupam a vida das pessoas todos os dias e orientam a vida. As pessoas também se interessam pelos meios de comunicação social e planeiam a sua vida em função deles, devido ao seu efeito. Os meios de comunicação social criam mundos imaginários fantásticos e atraem as pessoas para os seus mundos, entretendo-as aí. As pessoas querem especialmente viajar para o mundo imaginário dos media por causa do tédio e dos problemas da vida moderna.

Os tempos mudam e o mundo encontra recentemente os sistemas económicos e políticos contemporâneos. As tendências deslocam-se para os benefícios materiais e os proprietários do capital adquirem uma soberania poderosa sobre as pessoas. A cultura de consumo dominou o mundo e os detentores do capital organizaram tudo à sua maneira. Todas as dinâmicas sociais estabelecidas pela cultura popular e pelos media tornaram-se as dinâmicas mais comuns da estrutura social.

O capitalismo é um sistema económico e também político que detém a soberania no mundo através dos meios de comunicação social. Os media são os principais componentes da cultura popular, que é uma aplicação do capitalismo. Especialmente a televisão e a Internet são os principais actores da cultura popular. A cultura popular cansa as pessoas e obriga-as a refugiarem-se nos sonhos. Os media produzem sempre sonhos fantásticos e cativam as pessoas que se cansam devido ao ritmo acelerado do mundo moderno.

O PERIGO DA COMUNICAÇÃO VISUAL: AS ORGANIZAÇÕES MEDIÁTICAS E O PROBLEMA DA DIMINUIÇÃO DO PENSAMENTO

As organizações dos meios de comunicação social pretendem ganhar muito ao utilizarem materiais atractivos e ao atingirem as pessoas. As produções mais atractivas são as mais fáceis de compreender. Por isso, os media utilizam muitos materiais visuais. Os materiais visuais são atractivos, mas também perigosos para o mundo espiritual.

As eras tradicionais acabaram e as pessoas deixaram a cultura oral e começaram a utilizar a alta tecnologia desde a Revolução Industrial. A era em que os valores tradicionais eram comuns foi o período em que a palavra também era valiosa (Rahardjo, 1994, 497). Há muito tempo que as pessoas comunicam através das palavras e utilizam as escrituras após a sua presença para comunicar. A comunicação é uma ação essencial para as pessoas e estas precisam absolutamente de comunicar com os outros devido à sua natureza (Clarke e Cornelissen, 2011, 777). As pessoas criaram inúmeras formas e ferramentas para comunicar com os outros e criaram métodos altamente tecnológicos na era moderna.

Os primeiros povos transmitiram as suas mensagens através de meios visuais até à invenção do artigo. Desenhavam sobretudo as dificuldades da vida ou as suas vitórias e a imagem tem sido utilizada como ferramenta de comunicação desde há muito tempo (Pettitt e White, 2011, 36). A imagem é uma mensagem facilmente compreensível e não é necessário muito esforço para a descodificar. Por esta razão, tem sido utilizada desde há muito tempo. Depois das eras primitivas, viveram-se as eras em que o conhecimento e a ciência foram utilizados. A imagem continuou a ser utilizada, mas a palavra e o pensamento provocaram o seu desenvolvimento (Young e outros, 2011, 111). No passado, as pessoas acreditavam no poder das imagens, mas as pessoas fizeram grandes progressos no pensamento.

As pessoas escolhem as ferramentas mais fáceis para comunicar e não querem pensar demasiado na vida exaustiva da era moderna. A era moderna impôs a cultura popular às pessoas e a cultura popular levou as pessoas a pensar menos e a divertir-se (Osenga, 2013, 51). A era moderna é a época do consumo e do entretenimento. O consumo e o entretenimento trazem mais para os detentores de capital e uma cultura encantadora e divertida está a espalhar-se pelo mundo. A imagem é o principal componente da cultura popular. A imagem leva a pensar menos e entretém muito. Por isso, as pessoas preferem a imagem para comunicar (Lesy, 2007, 147). Por este motivo, a tecnologia de comunicação moderna baseia-se na visualidade.

Um dilema central da comunicação visual estética é saber se as imagens visuais podem fornecer provas fiáveis de uma atividade cognitiva humana importante e de respostas afectivas potencialmente significativas ou se o valor comunicativo de uma imagem depende totalmente do que se pode dizer sobre ela; isto incluiria a lógica discursiva, aplicada subjetivamente por cada espetador individual (Dake, 2005, 23). O homem escolhe sempre o mais fácil e o mais prático.

A Revolução Industrial e os desenvolvimentos tecnológicos causaram muitas mudanças diferentes no mundo e as pessoas encontraram muitas condições e abordagens diferentes. A imigração aumentou nos últimos anos, as cidades expandiram-se e a população aumentou. As pessoas deixaram a vida tradicional nas zonas rurais e encontraram a vida moderna nas zonas urbanas e tiveram abordagens modernas e instrumentos modernos no mundo moderno (Cereci, 2010, 7). As pessoas mudaram-se para apartamentos em vez de casas isoladas e começaram a usar carros em vez de animais e deixaram os seus problemas e começaram a fazer coisas fáceis na era moderna.

Muitas pessoas cumprimentam-se rapidamente com palavras curtas e não conversam ou já não compreendem os seus problemas. As pessoas não dedicam muito tempo a cozinhar devido ao ritmo acelerado da vida urbana e alimentam-se normalmente com alimentos congelados. Muitas pessoas utilizam o computador e o telemóvel na sua vida quotidiana e não escrevem cartas ou não falam cara a cara. Muitas pessoas não se interessam por crenças e valores espirituais, mas sim por dinheiro e trabalho fácil (Napoli e Friedland, 2016, 59). A nova era não se preocupou com a vida tradicional e as pessoas seguiram um caminho diferente. Começaram a esquecer as tradições e aprenderam o estilo moderno no início da era moderna.

Quase todas as pessoas querem viver em condições de luxo e querem ser apreciadas por causa do seu luxo. Estas são diferentes componentes da cultura moderna e os media transmitem sempre às pessoas mensagens da cultura moderna. De certa forma, os media funcionam como portadores de cultura. De certa forma, a cultura é o espírito de uma sociedade e surge num longo processo, no final das experiências das pessoas. A geografia, o clima, a religião, as regras morais e as condições de produção foram geralmente a base da cultura aproximadamente até à Revolução Industrial nas zonas rurais e os meios de comunicação social surgiram no final do processo da Revolução, quando as pessoas migraram das zonas rurais para as urbanas. As pessoas que migraram das zonas rurais para as zonas urbanas ficaram chocadas no início da migração devido às condições diferentes das rurais e viveram em dificuldades durante muito tempo. Viveram numa cultura tradicional durante centenas de anos e, de repente, depararam-se com uma cultura diferente nas zonas urbanas e ficaram chocadas (Cereci, 2015, 7). A vida urbana apresentou às pessoas muitas facilidades atractivas depois de se mudarem para as zonas urbanas e as pessoas encontraram numerosas atracções nas suas novas vidas.

As pessoas recorrem constantemente aos meios de comunicação social para se informarem, participarem na vida social e se integrarem no mundo da era moderna. A era moderna molda as pessoas e lidera-as, apresentando-lhes facilidades atractivas. Os componentes da era moderna baseiam-se numa base comercial e tentam atrair as pessoas com elementos muito extravagantes (Ali, 2016, 121). Uma das componentes mais atractivas da era moderna é o entretenimento e os governantes desta era levam as pessoas a divertirem-se mais. As pessoas trabalham muito e cansam-se muito numa vida de ritmo elevado e precisam de se divertir muito. Querem afastar-se do mundo real e refugiar-se em mundos imaginários (Cereci, 2015: 229). A era moderna atrai as pessoas através de atracções visuais, como os grandes cartazes, a televisão ou as imagens da Internet.

A imagem atraiu muito as pessoas devido à sua facilidade e à sua pretensão. O ritmo da era moderna é cansativo e as pessoas procuram instalações de recreação e entretenimento. As pessoas não querem desgastar o seu cérebro por causa dos seus problemas. Preferem imagens para compreender (Claffy e Clark, 2016, 238). A comunicação visual tornou-se tão importante como a comunicação verbal recentemente e a comunicação visual gerou design gráfico, fotografia, televisão, vídeo ou meios interactivos na era moderna (Lester, 2013, 37). O design visual e os princípios de design tornaram-se um dos principais trabalhos de comunicação e a comunicação visual difunde-se gradualmente entre as pessoas.

Moderno significa inovação e condições actuais. As pessoas sempre viveram para o seu conforto e paz e desenvolveram técnicas para uma vida fácil. As pessoas habituaram-se às inovações para uma vida mais confortável e preferiram primeiro a diversão (Martin e Goggin, 2016, 451). As pessoas passavam muito tempo a trabalhar nas zonas rurais e estavam muito cansadas no tempo tradicional. Quando se mudaram para o meio urbano, queriam descansar e divertir-se e não queriam usar muito o seu cérebro. Os elementos visuais salvaram-nos de pensar e proporcionaram-lhes formas de comunicação fáceis (Tang, 2017, 30). Nos últimos tempos, os elementos visuais tornaram-se os principais componentes da era moderna e da cultura popular.

A era moderna proporcionou comodidade às pessoas e a cultura popular colocou o entretenimento na base da vida depois de as pessoas terem abandonado a era tradicional. No início da era moderna, as pessoas mudaram-se das zonas rurais para as zonas urbanas e começaram a viver de uma forma a que não estavam habituadas. Inicialmente, as pessoas sentiam-se sobrecarregadas e aborrecidas e tinham problemas psicológicos. Depois, os detentores do capital aperceberam-se dos problemas das pessoas e começaram a divertir-se com eles (Emerson, 2012, 399). Livros com capa de cartão, jornais coloridos, cartazes vistosos, histórias ilustradas e filmes emocionantes entraram na vida das pessoas. A vida foi colorida e facilitada através de materiais visuais e a imagem espalhou-se como um elemento vital (Farmer, 2010, 118). A imagem tornou-se então um elemento popular em todo o mundo.

A idade moderna trouxe um novo estilo às pessoas e estas começaram a viver com novas abordagens. A imagem era muito utilizada no passado, mas a era moderna deu brilho à imagem e aumentou o seu atrativo. Tudo começou a ser julgado visualmente e as imagens chamativas ganharam muitos pontos na era moderna (Smith, 2010, 13). O design visual tornou-se um ramo popular e os elementos visuais dominaram todas as áreas da vida na era moderna. É possível ver imagens em todo o lado, desde outdoors à Internet (Stone, 2017, 4). Todos usaram imagens, desde políticos a fabricantes, e as pessoas adoptaram muito a imagem.

A imagem afecta as pessoas rapidamente e transmite o significado rapidamente. O homem descodifica facilmente o código visual e compreende instantaneamente a mensagem (Walter, 2016, 26). A mensagem visual é atractiva e atrai as pessoas para um pensamento fantástico e para diferentes abordagens. Os profissionais de marketing utilizam sobretudo elementos visuais para atrair as pessoas e muitos outros utilizam também elementos visuais para atrair as pessoas. A mensagem visual é facilmente compreendida e chega imediatamente à conclusão (Webb, 2016, 464). As pessoas preferem a mensagem visual para dizer e receber mensagens e querem pensar menos na vida de ritmo acelerado da era moderna. Como as pessoas utilizam muitas imagens para comunicar, pensam menos e as abordagens intelectuais estão a diminuir.

A evolução mudou muitas coisas no mundo desde o início e o mundo mudou especialmente depois da Revolução Industrial e dos desenvolvimentos tecnológicos. Durante milhares de anos, as pessoas viveram em zonas rurais e sobreviveram graças à agricultura e a um estilo de vida tradicional. Após as descobertas científicas e os desenvolvimentos técnicos, as condições mudaram e as pessoas começaram a deslocar-se para as zonas urbanas. As zonas urbanas proporcionaram às pessoas muitas facilidades diferentes e apresentaram-lhes abordagens modernas.

A era moderna surgiu com muitos componentes novos, novos instrumentos e novas opiniões e as pessoas habituaram-se a uma vida fácil na era moderna. A maioria das pessoas frequenta a escola e estuda, mas a leitura tem vindo a diminuir gradualmente. Na era moderna, as pessoas gostam mais de entretenimento do que de acções intelectuais nas áreas urbanas. Entretanto, a imagem tornou-se o instrumento mais utilizado no último período da era moderna. As mensagens visuais substituíram a escrita e a imagem tornou-se soberana na terra.

À medida que a imagem aumenta, os pensamentos diminuem e as mensagens visuais transformam-se em ferramentas básicas de comunicação. As pessoas carregam as suas mensagens em códigos visuais e enviam-nas, e os outros recebem-nas e descodificam-nas facilmente. As pessoas da era moderna estão cansadas devido ao ritmo acelerado da época e precisam de se divertir muito. Por isso, as mensagens visuais atraem mais a atenção e as pessoas utilizam mais as mensagens visuais do que as mensagens espirituais. As pessoas vêem muito e mostram muito e usam menos o seu cérebro.

O papel contemporâneo da arte nos media como instrumento de comunicação: Paz

Obras

Os media e a arte estão interligados e os media têm um papel na arte. As organizações dos meios de comunicação social têm isto em conta e os trabalhos dos meios de comunicação social incluem naturalmente produções artísticas. Os media também têm uma responsabilidade no que respeita à paz (Dorman e Korom, 2016, 277). Por vezes, os meios de comunicação social utilizam obras de arte sobre a paz e alertam as pessoas para a paz através de obras de arte.

Muitas pessoas sofrem de conflitos e de guerras em diferentes regiões do mundo e algumas pessoas ou grupos provocam conflitos para seu benefício e apenas algumas pessoas tentam evitar conflitos e tentam proporcionar a paz. A maior parte deles, naturalmente, são artistas e os artistas provam que a arte é poderosa para a paz e pode convencer muitas pessoas sobre a paz (Anderson, 2002, 36). De facto, a arte tem um grande poder para proporcionar a paz. A arte pode transmitir muitas mensagens diferentes em muitas formas diferentes no seu carácter inocente.

A arte é um instrumento de comunicação e muitas mensagens humanistas são transmitidas através da arte no mundo (Quon, 2005, 187). A arte é uma linguagem que pode narrar tudo através do seu carácter atraente e pode afetar as pessoas através do seu carácter convincente. Os artistas utilizam as cores, o desenho, a pedra, a madeira, o corpo, a voz, o tecido, as formas e muitos outros materiais para transmitir as suas opiniões e os seus sentimentos. Os artistas têm como objetivo narrar às pessoas o que elas esperam e o que elas esperam (Wicks, 2010, 266). Os artistas observam as pessoas e utilizam a sua observação como material para as suas obras de arte.

O processo de comunicação inclui um emissor, um meio, um recetor e um feedback. O emissor envia uma mensagem, o meio transmite a mensagem e o recetor recebe a mensagem e envia um feedback ao emissor. Trata-se de uma interação e de uma transformação da mensagem (Flew, 2014, 122). Na arte, o artista codifica uma mensagem e envia-a às pessoas através da sua obra de arte e as pessoas recebem a mensagem e avaliam a mensagem que o artista tenta transmitir. Durante muitos séculos, os artistas tentaram enviar mensagens pacíficas às pessoas.

Nos últimos anos, as pessoas esperam viver num mundo pacífico, porque há muitos conflitos e guerras em muitas regiões diferentes do mundo. Muitas pessoas sofrem com os conflitos e a maior parte delas vive ansiosa. Os conflitos tornam as pessoas pessimistas e furiosas e, por isso, as pessoas esperam sempre alcançar a paz. E é exatamente neste ponto que os artistas codificam mensagens humanistas e pacíficas nas suas obras e as obras de arte podem transmitir às pessoas as mensagens que elas esperam (Smith, 2010, 378). Este é o poder humanista da arte.

O município de Izmir Karsiyaka identificou o tema do Festival Internacional Karsiyaka 2014 e os teatros da cidade de Istambul também identificaram o tema da Seazon 2015-2016 devido à necessidade de paz no mundo moderno. As pessoas vivem no período mais problemático do mundo e são as que mais precisam de paz. As pessoas tentam alcançar a paz de diferentes formas e esperam tentativas de paz dos políticos e dos líderes comunitários, mas sobretudo dos artistas (Allen, 2011, 368). Porque os artistas têm o maior número possível de formas de alcançar a paz através das suas obras. Escritores, pintores, poetas, actores, artistas gráficos, bailarinos, realizadores e muitos outros artistas fazem obras de arte sobre a paz e tentam convencer as pessoas sobre a paz. A paz é o assunto mais importante da era moderna e os artistas trabalham sobretudo com a paz na era moderna (Taylor, 2012, 41). As obras de arte podem narrar a importância e a necessidade da paz de formas diferentes e atractivas. Foram pintados quadros paisagísticos, lagos cintilantes, pássaros a esvoaçar no céu azul e jardins de flores coloridas, foram escritas histórias humanistas e foram dançadas danças pacíficas em nome da paz.

Muitas organizações diferentes organizaram actividades artísticas para a paz em 1915 e em

1916 e todas elas narraram a paz através da arte, como a Build Peace Art. Em 2016, o programa artístico do Build Peace irá incluir experiências artísticas e a perspetiva dos artistas em toda a conferência, bem como oferecer espaços dedicados à exploração de metodologias baseadas nas artes e na tecnologia. O programa Build Peace Art incluiu actuações e trabalhos artísticos em sessões formais e informais que enriqueceram os debates sobre os temas da conferência. Divulgação e convite a artistas cujo trabalho é tecnologicamente viável e relevante para os temas da conferência para se candidatarem como oradores de palestras curtas (http://howtobuildpeace.org/, 2016). Algumas pessoas e algumas organizações compreendem que a arte é uma das formas disponíveis para a paz. A peça anti-guerra de Banksy, Soldiers Painting Peace, tornou-se proeminente depois de ter sido exibida numa coleção na galeria Tate Britain, em Londres, em 2007. A coleção era uma recriação de uma exposição artística no exterior das Casas do Parlamento, que foi confiscada por supostamente violar uma lei contra protestos não autorizados a uma certa distância do edifício. Nesta pintura, dois soldados vestidos com equipamento de combate olham cautelosamente em redor enquanto conspiram para pintar um sinal de paz numa parede. Um deles está agachado e segura uma metralhadora, enquanto o outro segura um pincel que foi mergulhado numa lata de tinta vermelha e está a trabalhar para completar o sinal (http://www.stencilrevolution.com/, 2016). A paz é um tema importante para muitas produções da era moderna.

Paz significa conflito, mas paz também significa uma vida tranquila e humanista e uma abordagem pacífica necessita de desarmamento e, para além disso, de respeito e bondade (McBride, 2011, 462). A paz é um conceito humanista, mas também está associada à política, à democracia, à diplomacia, à cultura e à arte recentemente (Rosato, 2005, 469). A paz está de facto relacionada com as pessoas e com a vida e os efeitos da paz podem fazer toda a gente feliz.

Esta obra satírica de Banksy repudia a repressão da liberdade de expressão que ocorre frequentemente quando uma nação está em guerra, num esforço para manter a aparência de consenso. Nesta obra, homens armados com armas mortíferas temem pelas suas vidas, o que realça que a repressão numa sociedade pode ocorrer não só a nível físico, mas também a nível intelectual. Isto é especialmente irónico quando a justificação para a guerra é a difusão da liberdade e da democracia.

O Instituto Joan B. Kroc para a Paz e a Justiça afirma que "espectáculos, exposições e workshops demonstrarão como as artes podem ser utilizadas para resolver conflitos de forma não violenta, diminuir a violência, transformar relações, apoiar a cura individual e comunitária e desenvolver capacidades para a paz. Ao proporcionar espaço para os artistas reflectirem sobre a sua prática, partilharem as suas aprendizagens e estabelecerem redes com outros construtores da paz, o IPJ destacará a importância deste campo em rápido crescimento da construção da paz com base nas artes" (www.sandiego.edu, 2016). Muitos esforços individuais, organizacionais ou oficiais estão a ser desenvolvidos em prol da paz no mundo.

Em primeiro lugar, a pomba da paz de Picasso surge quando se fala de paz e depois muitas outras. Picasso produziu a pomba da paz a pedido do Partido Comunista em 1949 e, desde então, a pomba branca é utilizada como símbolo da paz. A arte tem sido um dos principais materiais da arte antes de Picasso (Fallon, 2009, 186). Muitos artistas opuseram-se às guerras e tentaram narrar a paz através das suas obras, convencendo as pessoas e, sobretudo, os administradores através das suas obras pacifistas. Um desses artistas é Nazim Hikmet, que narrou a paz desde o Poema de Hiroshima até à Carta Desconhecida e é designado Poeta da Paz (bianet.org, 2016). Nazim Hikmet tornou-se o modelo de muitas pessoas que defendem a paz.

Alguns defensores e realizadores da paz reuniram-se e decidiram transmitir às pessoas a ideia de se encontrarem em torno da paz no mundo (http://www.peaceofart.org/, 2016). Decidiram convidar as pessoas para a paz através de abordagens artísticas. Alguns artistas lançaram uma campanha pela paz em Chicago e decidiram chegar à paz através do cinema e da música (www.chicagoideas.com, 2016). Os artistas têm pressa pela paz e dão o seu melhor pela paz no mundo.

O principal objetivo da arte é resolver problemas e os conflitos são sempre os principais problemas do mundo. Por isso, os artistas estão sempre interessados na paz e tratam sempre a paz como o principal problema da arte (Savage, 2010, 12). As composições relaxantes e as pinturas de paisagens refrescantes, os poemas românticos e os relevos que dão a sensação de glória são produzidos para afastar as pessoas dos conflitos e para as levar à paz.

Jean Paul Sartre manifestou a sua energia interior através da escrita e evitou que a sua energia se transformasse em violência e provou ser um intelectual filosófico. Sartre era conhecido principalmente como um anarquista, mas sempre convidava as pessoas a examinar, produzir e filiar-se à paz. Segundo Sartre, quem examina e produz fica longe da violência e perto da paz (Machado, 2008, 259). Charlie Chaplin, um dos artistas mais pacifistas da história do cinema, sempre enfatizou a paz em quase todos os seus filmes e, em O Grande Ditador, ele a explicitou claramente. As mensagens de paz de Chaplin afectavam as pessoas e os administradores (Baker, 2008, 440). O cinema de Charlie Chaplin, que vive há quase 100 anos, é uma das melhores amostras da Arte da Paz.

Os artistas realizaram trabalhos sobre a paz, especialmente nos períodos em que as guerras eram muitas e as pessoas necessitavam muito de paz e responderam à esperança de paz das pessoas através de obras de arte sobre a paz. Os artistas identificaram os seus temas na escultura, no teatro, na pintura, no ballet, na caligrafia, na dança e em muitas outras artes (Leeuwin, 2000, 268). A oposição à guerra foi um dos principais tópicos, para além da liberdade, no período do Renascimento e os artistas renascentistas enfatizaram a paz que as pessoas esperavam muito através de obras magníficas. O Renascimento é uma revolução na História da Arte e a arte com o tema da paz tornou-se uma nova etapa com o Renascimento (Dempsey, 2005, 415). Outros movimentos artísticos também contribuíram para a paz depois do Renascimento e a arte moderna também se interessou muito pela paz.

3 de maio de Goya, Guernica de Picasso e Nuremberga de Kiefer enfatizam a violência e narram a paz das pessoas através da violência. Estas são três abordagens artísticas diferentes, mas todas elas enfatizam a paz e convidam as pessoas a não apoiarem o conflito (Otgun, 2014, 102). "As artes oferecem aos construtores da paz ferramentas únicas para transformar conflitos interpessoais, intercomunitários, nacionais e globais intratáveis - ferramentas que não são atualmente predominantes ou disponíveis no campo da construção da paz". A viagem do mundo em direção a uma síntese mais criativa entre artistas e construtores da paz deve continuar agora (Shank, 2009, 16). Os artistas passaram para além das obras de arte como construtores da paz e tentam construir a paz.

A globalização e a revolução digital, cujos benefícios ainda não foram totalmente revelados, podem promover não só a comunicação em si, mas também a empatia e a cooperação, desde que as crianças sejam livres de perceber a interação dos ideais humanitários. Um simples denominador comum entre as crianças, como as artes, tem mais valor hoje do que no passado. Os adultos também foram afectados pelas mensagens contemporâneas e começaram a conhecer-se uns aos outros através dos meios de comunicação social e compreenderam muito bem a necessidade da paz (Ashfaq, 2005, 19). As mensagens de paz dos artistas atingem sempre o alvo devido às necessidades de paz das pessoas.

Um grupo de teatro no Canadá tem uma missão de paz e viaja por todo o país para representar peças humanistas e pacíficas. O Theatre of the Beat já apresentou cerca de duzentos espectáculos em teatros, festivais, igrejas, universidades e prisões em P.E.I., Nova Escócia, New Brunswick, Quebeque, Ontário, Manitoba, Saskatchewan, Alberta, British Columbia, Ohio e Indiana. O Theatre of the Beat tem de facto a audácia de acreditar que o teatro pode fazer deste mundo um lugar melhor (http://theatreofthebeat.ca/, 2016). O tema principal é naturalmente a paz no grupo.

O museu, que possui uma coleção de 200 obras de arte contemporânea internacional, é uma iniciativa cooperativa de Belu-Simion Fainaru e Avital Bar-Shay, iniciadores e directores do museu, bem como dos iniciadores e curadores da Bienal do Mediterrâneo em Sakhnin, juntamente com o Município de Sakhnin, criando assim uma nova realidade de cooperação entre judeus e árabes. AMOCA é o primeiro museu do género a ser criado numa cidade árabe em Israel. O objetivo do museu é expor arte contemporânea local e internacional, a fim de promover a paz e o diálogo através de actividades artísticas, da criação de confiança mútua entre vizinhos e do reforço dos valores da igualdade e da reciprocidade, conduzindo à criação de uma infraestrutura para o diálogo e a coexistência entre comunidades e culturas em conflito. Belu-Simion Fainaru e Avital Bar-Shay esperam que, através da intervenção da arte, as controvérsias possam ser ultrapassadas com ênfase no multiculturalismo, na criatividade artística e na dignidade humana, bem como numa visão e esperança de coexistência e de um futuro melhor (http://www.jpost.com/, 2016). Muitos artistas sete soldados fazem arte pela paz no mundo.

A International Workcamp Organization é uma organização não governamental e sem fins lucrativos criada em 1999 para promover a paz mundial, a cidadania global, o desenvolvimento da juventude e da comunidade e o intercâmbio cultural através do voluntariado internacional. A organização preside ao CCIVS (Comité de Coordenação do Serviço Voluntário Internacional) da UNESCO, em Paris, e é membro da NVDA (Rede para o Desenvolvimento do Voluntariado na Ásia). Os seus projectos de voluntariado internacional oferecem aos jovens a oportunidade de participarem no serviço voluntário internacional em projectos baseados na comunidade em mais de 70 países em todo o mundo. Os projectos diferem enormemente, desde a conservação da natureza, restauração, educação e construção até projectos com uma base mais social, incluindo trabalho com adultos e crianças com necessidades especiais, ensino ou organização de programas de férias para jovens/crianças (http://www.vfp.org/, 2016). Aqueles que compreendem o papel ou a arte para a paz tentam utilizar todas as formas artísticas para transmitir a paz às pessoas.

De acordo com Ueshiba, a arte da paz começa com o próprio de alguém e depois viaja para a frente. "Alguém tem de trabalhar sobre si próprio e sobre a tarefa que lhe foi atribuída na Arte da Paz. Toda a gente tem um espírito que pode ser refinado, um corpo que pode ser treinado de alguma forma, um caminho adequado a seguir. Alguém está aqui apenas com o objetivo de realizar a sua divindade interior e manifestar a sua iluminação inata. Ele pode promover a paz na sua própria vida e depois pode aplicar a arte a todos os que encontra" (Ueshiba, 2007, 16). Como resultado, a paz pode difundir-se de um para todos no mundo.

Alguns artistas lançaram recentemente um álbum de música intitulado Songs for Tibet (Canções para o Tibete) em nome da Art and Peace Foundation. The Art of Peace é um álbum de música com contribuições de um número de músicos de todo o mundo, incluindo os Estados Unidos, o Reino Unido, o Canadá e a África do Sul. Os artistas incluem Sting, Garbage, Rush, Suzanne Vega, Jonatha Brooke e Alanis Morissette. O álbum é uma iniciativa de apoio ao Tibete, à promoção da paz, aos direitos humanos fundamentais básicos, incluindo a liberdade de expressão e de religião, e ao 14º Dalai Lama, Tenzin Gyatso. Songs for Tibet é um projeto da Art of Peace

Foundation em Washington, DC (www.artsforpeace, 2016). Muitos artistas acreditam que a paz pode ser construída através da arte.

Há muitos séculos que as pessoas vivem com conflitos e guerras em muitas regiões do mundo. Os conflitos sempre foram muito provocados por causa dos benefícios de algumas pessoas e muitas pessoas sofreram com os conflitos. Estas sempre esperaram e aguardaram a paz. Apenas algumas pessoas apoiaram e contribuíram para a paz, para o bem-estar das pessoas e para o futuro brilhante do mundo. Eram artistas e já são artistas.

A arte é um instrumento de comunicação e pode transmitir muitas mensagens humanistas e pacíficas às pessoas e persuadi-las. Muitos artistas produziram obras de arte cujo tema era a paz e os artistas continuam a produzir muitas obras de arte diferentes sobre a paz. A arte é um dos meios mais eficazes para transmitir a paz e a sua necessidade, devido aos seus vários métodos atractivos e às suas diferentes formas. As pessoas podem ignorar as mensagens sérias, mas não podem ignorar as mensagens humanistas e suaves da arte.

Os artistas tentam transmitir mensagens pacíficas e humanistas às pessoas através das suas obras e muitas pessoas são afectadas pelas obras de arte e são persuadidas sobre o que os artistas narram. Os artistas produzem sobretudo obras de arte com o tema da paz devido à conjuntura do mundo e à esperança das pessoas. As pessoas esperam sempre a paz e querem viver num mundo pacífico. Os artistas têm de produzir mais obras de arte com o tema da paz na era moderna, em que muitos conflitos arruínam as pessoas.

Era da televisão

Uma das invenções mais misteriosas do homem é a televisão e a televisão mudou a estrutura principal do mundo. As pessoas conheceram a televisão no início do século XX e adoptaram-na rapidamente. Não era necessária literacia para ver televisão e era fácil compreender as suas imagens. A televisão era um meio de comunicação mais próximo das pessoas do que os outros nas suas casas e chamava as pessoas pelas suas imagens e voz (Betts, 1953, 253). As pessoas começaram por ver a televisão como uma caixa mágica por causa das suas pequenas imagens no ecrã, mas depois adoptaram-na como um movimento das suas vidas. Havia muitas histórias diferentes em vez das suas histórias tradicionais no mundo rural.

A televisão tornou-se o instrumento mais comum no século XX. De acordo com um estudo sobre os meios de comunicação social, a televisão é o meio de comunicação social mais comum no mundo e uma grande massa, desde crianças a adultos, vê televisão. A maioria das pessoas vê televisão todos os dias e durante 3 ou 4 horas. As pessoas que vêem televisão afirmam que a vêem para passar o tempo ou para se divertirem (Cereci, 2009). A televisão tem sido utilizada como um grande meio de entretenimento desde a altura em que as pessoas começaram a migrar das zonas rurais para as urbanas após a revolução industrial.

A televisão surgiu como resultado do desenvolvimento tecnológico após a Revolução Industrial e envolveu-se como uma componente de descontração na vida das pessoas que migraram do campo para a cidade e caíram numa crise cultural. As pessoas que migravam do campo para a cidade para encontrar trabalho e ter uma nova vida não conseguiam mudar completamente a sua cultura rural e tinham dificuldades no meio urbano e, entretanto, a televisão confortava-as (Eisenstein, 1970, 739). As pessoas relaxavam para aprender informações sobre pessoas diferentes e vidas diferentes e viam histórias interessantes na televisão nas suas vidas urbanas.

A televisão apresentou às pessoas muitas notícias sobre guerras, relações internacionais, revoluções, desenvolvimentos científicos e acontecimentos actuais e desviou os interesses das pessoas para diferentes áreas do mundo. Diferentes assuntos e diferentes pessoas aliviaram as pessoas e entretiveram-nas. As pessoas adoptaram os meios de comunicação social devido ao seu carácter relaxante e de entretenimento (Chen, 2004, 699). A televisão foi o instrumento mais conveniente para a cultura popular devido às suas produções baratas, temporárias e divertidas (Lopes, 2006, 412). A principal abordagem da cultura popular é consumir muito e a televisão é o instrumento mais disponível com as suas mensagens de entretenimento.

As produções televisivas podem transformar um mundo concreto num mundo lendário com a ajuda da tecnologia informática e podem criar uma atmosfera emocional intensa na televisão. A tecnologia informática funciona como um operador secreto por detrás das imagens televisivas e os espectadores vêem na televisão lugares fictícios atractivos ou florestas terríveis ou castelos enormes e criaturas únicas. A televisão é um meio de comunicação ilusório e isso deve-se ao computador. A tecnologia informática contemporânea facilita a montagem de produções televisivas de forma prática. O processo de montagem é concluído num curto espaço de tempo com a ajuda da tecnologia informática e produz imagens coloridas e atractivas que mostram às pessoas as suas expectativas. A tecnologia é popular devido ao seu mundo artificial e afecta as pessoas como um espetáculo de magia. O mundo imaginário da televisão entretém muito as pessoas devido à sua proximidade e às imagens atractivas (Stamm, 2012, 259). Para além disso, toda a agenda global é determinada em função da televisão.

Relação entre os media e a cultura popular

As pessoas viviam geralmente em zonas rurais e trabalhavam em quintas antes das revoluções industriais e dos meios de comunicação social. Tinham uma cultura tradicional e a sua cultura tradicional determinava as suas organizações, os seus papéis e as suas vidas antes da preponderância da tecnologia. As instalações rurais e a cultura tradicional eram suficientes para eles e as pessoas estavam relativamente satisfeitas. Não conheciam muitas técnicas diferentes e bens diferentes e não conheciam o consumo excessivo até à produção em massa (Turow, 2005, 117). As pessoas tinham uma cultura constante.

Antes da revolução industrial e dos meios de comunicação social, as pessoas passavam o seu tempo a trabalhar, a comunicar, a ler e a contar histórias (Heimann, 1945, 50). As pessoas costumavam aprender lendo e os espíritos das crianças alimentavam-se contando histórias. Só havia cartas e mensageiros locais para comunicar (Griswold e outros, 2005, 138). Era a cultura tradicional que tinha uma soberania sobre as pessoas e formava toda a vida.

A cultura determina os papéis sociais, as organizações sociais, as identidades e todas as outras componentes sociais e fornece às pessoas uma energia para viverem juntas. Existe também uma relação entre a dinâmica social e a cultura que resulta de toda a acumulação social e dinâmica social (Barnett e Allen, 2000, 159). Os media são uma das dinâmicas mais eficazes de uma sociedade e são afectados pela cultura e influenciam os media.

Uma cultura uniforme surgiu relativamente na Terra devido aos meios de comunicação social e milhares de milhões de pessoas começaram a vestir o mesmo, a falar o mesmo e até a pensar o mesmo. Esta é a cultura dos media e a cultura dos media desvia as pessoas para os pontos que elas querem (Lieber e Weisberg, 2002, 161). As transmissões dos meios de comunicação social são sempre atractivas e encorajadoras e as pessoas, na sua maioria, não conseguem opor-se às mensagens dos meios de comunicação social.

A cultura dos media tornou-se a cultura dominante numa sociedade devido aos seus grandes companheiros. Uma grande massa está naturalmente ligada aos media e estes são também companheiros do capitalismo que vende bens e imagens e simula pessoas. Por este motivo, os media são maioritariamente utilizados pelos capitalistas monopolistas (Friendland e outros, 2007, 47). Esta é a cultura popular. Há muitas atracções como a privatização, a democratização e o pós-modernismo na cultura popular e as pessoas são atraídas por elas.

Existem muitos componentes diferentes na cultura popular. Roupas vistosas, dispositivos complicados, palavras atractivas, rostos típicos, imagens extraordinárias, heróis sobrenaturais, etc. Um dos componentes mais atractivos da cultura popular são os filmes de aventura, as personagens extraordinárias e as canções divertidas. Estes são também os principais materiais para os media (Eschen, 2006, 60). Os meios de comunicação social utilizam componentes atractivos da cultura popular para entreter uma grande massa.

Os produtos cosméticos, os produtos de tecnologia de luxo, os últimos modelos de automóveis, a deliciosa comida rápida, os produtos de confeitaria, as equipas de futebol, os cantores, os bailarinos, os cartazes coloridos, as roupas brilhantes são também materiais de produção dos meios de comunicação social e estes são também produtos da cultura popular. A cultura popular e os media estão numa relação lucrativa que se baseia nas necessidades e motivações das pessoas (Peyser, 2010, 100). A maioria das pessoas não consegue evitar os planos colectivos dos meios de comunicação social e da cultura popular.

A cultura popular contém geralmente desenvolvimentos modernos e produtos modernos no mundo e tenta estabelecer um estilo moderno. Os produtores de cultura popular trabalham para revelar inovações sobre aquilo que interessa às pessoas. Saudações interessantes, canções agradáveis, sacos coloridos, molhos exóticos, romances misteriosos, jogos pretensiosos são o resultado dos esforços dos produtores e componentes da cultura popular (Zukin e Maquire, 2004, 195). Os produtos da cultura popular são sempre utilizados pelos media como materiais atractivos.

A cultura popular permite que as pessoas aprendam muitos conceitos ideológicos diferentes, como o capitalismo, a globalização, o estilo contemporâneo, a nova versão do marxismo e os novos conceitos apresentados às pessoas pelos meios de comunicação social. Há muitas pessoas que trabalham em diferentes sectores e que vivem em diferentes castas numa sociedade que querem falar sobre conceitos modernos e preferem os media para falar (Rudolph e Evans, 2005, 668). Os meios de comunicação social são um instrumento conveniente para alcançar grandes massas.

Os media apresentavam às pessoas diferentes produtos, diferentes estilos de cultura popular, diferentes ideologias, mas a cultura popular não discriminava as diferentes ideologias. As abordagens, os produtos e os estilos da cultura popular abrangiam todas as pessoas que se interessavam pelos media (Huber e Arceneaux, 2007, 975). A cultura popular tenta transformar materiais em produtos de entretenimento para atingir a grande massa. Os media também chamam geralmente as pessoas para a dimensão lúdica dos acontecimentos e dos produtos. De certa forma, a cultura popular é um estilo de consumo de entretenimento.

A televisão é o principal instrumento da televisão e é vista maioritariamente por adolescentes (Kiefer, 2016):

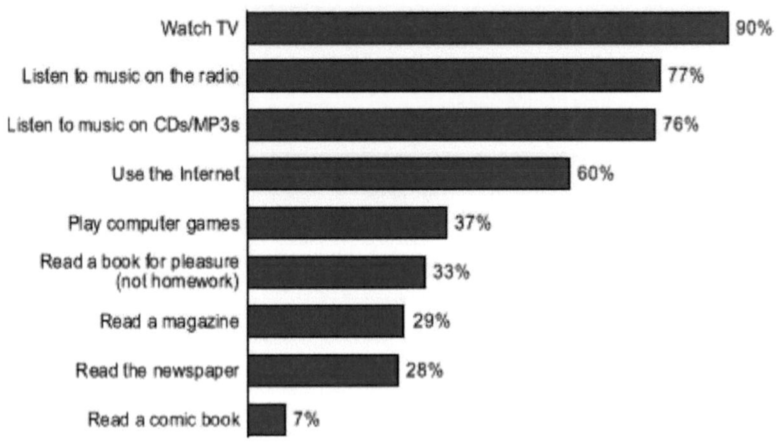

Os media como instrumentos de entretenimento

Na era moderna, as pessoas começaram a interessar-se pelo entretenimento e pelos produtos de entretenimento devido ao efeito da cultura global comum. As tendências contemporâneas levaram as pessoas a trabalhar menos em instalações tecnológicas e as pessoas que viviam em zonas urbanas a adotar um estilo de vida fácil e divertido durante cerca de 100 anos (Goldfarb, 2005, 289). As pessoas pensavam que eram mais confortáveis e felizes na vida moderna.

Existem muitos meios de entretenimento nos media, como fotografias coloridas, puzzles e jogos emocionantes, canções ritmadas, séries de aventuras, etc. (Anderson, 2009, 333). As produções dos media são mais baratas e mais próximas do que outros entretenimentos e as pessoas podem escolher o que querem nos media. Os meios de comunicação social utilizam todas as possibilidades e produzem produções de entretenimento tão atractivas e simples quanto possível para as pessoas.

O século XXI chegou com o desenvolvimento das tecnologias e equipou muitas áreas com tecnologia e as pessoas começaram a utilizar produtos tecnológicos. A vida tecnológica tornou-se um estilo e respondeu a muitas exigências das pessoas e facilitou a vida. As pessoas sentiam-se mais felizes e confortáveis do que no passado (Guillen e Suarez, 2005, 703). A tecnologia proporciona às pessoas muitas facilidades e tem uma soberania no mundo. Os meios de entretenimento contemporâneos assentam na base da tecnologia, como os media.

As pessoas tendem geralmente a recorrer ao entretenimento após períodos de nervosismo, como os ataques de 11 de setembro, para relaxar e utilizar componentes mais divertidas nas suas vidas. As pessoas assistiram a muitos movimentos nervosos, guerras e ataques terroristas no século passado e precisavam de relaxar mais (Spigel, 2004, 264). O século XX e o século XXI são períodos eficazes para encontrar diferentes materiais para os media e estes começaram a produzir mais entretenimento devido às necessidades das pessoas.

Os media estão naturalmente preocupados com a cultura e utilizam frequentemente materiais culturais interessantes e agradáveis. As personagens coloridas, as palavras engraçadas, as histórias emocionantes e os lugares misteriosos da cultura são os principais materiais para os media e estes organizam todos os materiais culturais como produtos atractivos (Ernst, 1964, 12). Os meios de comunicação social podem transformar todos os materiais em materiais atractivos e divertidos com a ajuda da tecnologia e querem que todos os compreendam e os adoptem. Por isso, os media preparam produtos simples e divertidos tanto quanto possível.

As construções culturais e as abordagens mudaram desde a Revolução Industrial e as facilidades tecnológicas facilitaram a vida das pessoas, fazendo muitas obras e as pessoas começaram a trabalhar menos. As pessoas podem dedicar muito tempo aos seus passatempos e divertir-se nas suas vidas e as condições contemporâneas orientam as pessoas para áreas de entretenimento. Apesar de se tratar de um plano ideológico e político, as pessoas não se queixam e tentam desfrutar das suas vidas (Jenkins, 2012, 33). Entretanto, os media utilizam a conjuntura de forma eficiente.

Em muitos países, as mudanças culturais influenciaram os estilos de vida e todas as componentes da vida. As tradições, as abordagens sociais e as crenças também se alteraram e a educação das gerações seguintes voltou a formar-se. Entretanto, nos últimos tempos, as pessoas deram lugar ao entretenimento em vez da filosofia e das obras espirituais nas suas vidas e os meios de comunicação social utilizaram componentes de entretenimento da cultura (Frenske e Rendix, 2007, 94). As abordagens das pessoas mudaram e o entretenimento tornou-se o principal material dos media ao longo do tempo.

Algumas pessoas querem naturalmente que os media lhes apresentem mensagens estaminais e esperam por pesquisas sérias e mensagens racionais. Segundo alguém, a função dos media é apresentar às pessoas informações e dados mais sérios e estaminais (Cutlip, 1958, 241). Mas os media pensam em dirigir-se a mais pessoas para influenciar mais pessoas e ganhar muito. Esta é a principal razão para os media escolherem a forma de entretenimento.

Muitas pessoas querem encontrar notícias nos meios de comunicação social para tomarem conhecimento de acontecimentos globais e sentirem-se como componentes do mundo, mas há mais pessoas que querem divertir-se e passar o tempo a divertir-se. Por isso, os produtos de entretenimento são sempre mais produzidos do que os empregadores dos media noticiosos que querem mais entretenimento (Prior, 2005, 589). O valor do conhecimento diminui em muitas regiões do mundo e o lugar do entretenimento aumenta.

Antigamente, as pessoas viviam num estilo de vida tradicional, com a sua herança cultural, e normalmente passavam o tempo a trabalhar. Não tinham muito tempo para passatempos e para se divertirem. A Revolução Industrial proporcionou às pessoas muitas facilidades e tecnologia, o resultado mais favorito da Revolução trouxe novas abordagens e novos estilos. Os meios de comunicação social foram os produtos mais impressionantes da tecnologia que responderam às necessidades das pessoas. As pessoas aprenderam muitos conhecimentos sobre o mundo e sobre diferentes vidas e sentiram-se parte do mundo.

A tecnologia é a componente mais favorita da vida moderna no mundo, devido às suas facilidades e possibilidades de entretenimento. Muitas pessoas utilizam a tecnologia e adoptam os seus efeitos. Os media são os produtos preferidos da tecnologia e os componentes mais utilizados da vida no mundo. As pessoas utilizavam os meios de comunicação social para aprenderem diferentes conhecimentos e opiniões sobre a vida e o mundo e, no início, os meios de comunicação social apresentavam às pessoas diferentes mensagens. A tecnologia permitiu que os meios de comunicação produzissem produtos mais impressionantes e atractivos. As formas e os conteúdos dos media mudaram com a transformação tecnológica e cultural.

O entretenimento é um pedido das pessoas e estas sempre encontraram diferentes formas e instrumentos de entretenimento desde o início. A maioria das pessoas optou por formas de entretenimento tradicionais durante milhares de anos e, após a revolução industrial, as formas e os instrumentos de entretenimento mudaram. Os meios de comunicação social tornaram-se meios de entretenimento que podem ser alcançados de forma fácil e económica nas condições contemporâneas. Os componentes das condições contemporâneas, especialmente a tecnologia, proporcionam às pessoas muitas comodidades e as pessoas têm muito tempo para gastar. Os meios de comunicação social são instrumentos convenientes para passar o tempo de forma agradável e proporcionam às pessoas muitas facilidades para passarem o tempo e para se divertirem.

Os media trouxeram às pessoas uma nova cultura, demasiado colorida e com muitos elementos diferentes. A cultura dos media assentava numa base ideológica e as mensagens da cultura eram transmitidas pelos media. A cultura também foi produzida por aqueles que tinham a ideologia e que queriam ter uma soberania no mundo. Planeavam chegar a todos através de mensagens simples e atractivas no mundo. O entretenimento foi o principal ator e os meios de comunicação social são os instrumentos mais convenientes neste processo. Os media são os instrumentos de entretenimento mais próximos, mais baratos e mais coloridos do século XXI.

Efeitos espirituais da televisão

As fantasias e os diferentes entretenimentos são os componentes mais atractivos da era moderna e a alta tecnologia da era moderna tenta criar fantasias incríveis para que as pessoas ganhem muito. Os meios de comunicação social têm o papel principal na criação de fantasias e atraem as pessoas para mundos fantásticos todos os dias através das suas produções. A Internet e a televisão, em especial, criam produtos muito atractivos para as pessoas que têm muitos problemas na vida de ritmo acelerado do mundo moderno (Denny, 2011, 41). Muitas pessoas preferem a televisão por causa do mundo fantástico da televisão.

A televisão é um mundo artificial e fictício que afecta as pessoas através das suas histórias atraentes e fantásticas. Todas as produções televisivas são reveladas com base numa opinião e as produções televisivas contêm muitas abordagens diferentes para além das histórias principais. As histórias interessantes afectam os espectadores e as abordagens das produções são colocadas na mente das pessoas, desde as crianças até aos adultos (Demers e outros, 2013, 599). A televisão é um revolucionário natural através das suas produções que contêm muitas opiniões e abordagens do proprietário. Muitas pessoas vêem televisão para passar o tempo ou para se divertirem, mas são afectadas pelas mensagens espirituais da televisão sem o saberem (Cereci, 2015, 37). As pessoas têm uma nova linguagem, novos comportamentos e uma nova cultura devido às mensagens da televisão.

O proprietário de qualquer organização televisiva é um investidor que pretende ganhar e responder a algumas necessidades das pessoas. O investidor tem como objetivo ganhar muito e também pretende ficar satisfeito na dimensão espiritual (Garling e outros, 2009, 29). O proprietário da organização de televisão pesquisa as condições do mercado e avalia as expectativas das pessoas, discute o equilíbrio entre entradas e saídas e tenta dirigir-se a muitas pessoas para ganhar muito e ficar muito satisfeito. O investidor também utiliza a organização de televisão para os seus objectivos futuros e revela as suas opiniões e estilo de vida através da televisão (Wong e outros, 2011, 1481). As pessoas são naturalmente afectadas por abordagens diferentes e atractivas na produção televisiva e mudam frequentemente as suas opiniões e estilos de vida devido às produções televisivas.

O conteúdo da televisão consiste em ideias interessantes para atrair as pessoas e as ideias são transformadas em histórias atractivas na televisão. As histórias na televisão não são apenas acontecimentos comuns, mas incluem muitas filosofias e abordagens diferentes (Bulck e Donders, 2014, 457). As produções televisivas são produzidas para levar as pessoas a mundos fantásticos onde as pessoas esquecem os seus problemas e relaxam. As pessoas que pretendem deixar os problemas contemporâneos em cidades de alta tensão vêem muito a televisão e tentam relaxar nas histórias fictícias da televisão (Karppinen e Moe, 2014, 336). A televisão faz com que as pessoas relaxem, mas confunde as suas mentes e transmite muitas abordagens e estilos modernos à mente dos espectadores.

As opiniões e abordagens do proprietário da organização televisiva são o principal fator na produção televisiva e a abordagem do proprietário está incorporada em toda a produção televisiva. De certa forma, a organização televisiva trabalha para transmitir as abordagens do proprietário e tenta alcançar mais espectadores (Bugs e Crusafon, 2014, 3834). As produções televisivas podem mudar as opiniões dos espectadores e os estilos de vida dos espectadores, e as mensagens da televisão podem conduzir a vida das pessoas.

As organizações de televisão trabalham sempre arduamente para preparar produções durante 24 horas por dia, e as organizações têm de atrair espectadores com produções fantásticas para ganharem. Os empregados das organizações de televisão tentam responder às expectativas dos espectadores e, para além disso, têm em conta as abordagens do empregador e a política da organização, que é constituída pelas abordagens do empregador (Shen e Liu, 2009, 565). Assim, as opiniões e abordagens do empregador e da organização televisiva afectam naturalmente as produções televisivas e são transmitidas aos espectadores através da televisão.

Na era moderna, a tecnologia e os produtos tecnológicos são os componentes favoritos da vida contemporânea e as pessoas nunca abandonam a tecnologia no mundo. A tecnologia atrai as pessoas através dos seus enormes produtos, como o computador ou a televisão, e as pessoas preferem os instrumentos tecnológicos para relaxar na vida moderna de alta tensão. Os meios de comunicação visuais são os instrumentos mais populares, pelos quais as pessoas se interessam muito devido aos seus conteúdos atractivos e encantadores. A televisão é o meio de comunicação social mais comum da era moderna e transmite inúmeras mensagens através das suas produções diárias. A televisão transmite muitas produções atractivas de organizações televisivas que são, na sua maioria, organizações comerciais e que pretendem, em primeiro lugar, ganhar dinheiro. A televisão constitui mundos fictícios para levar as pessoas dos problemas da sua vida para mundos fantásticos onde os espectadores podem relaxar. Nas histórias fantásticas da televisão, as pessoas aprendem muitos conhecimentos actuais e muitas abordagens diferentes, e adoptam algumas delas. O investidor que pretende ter uma organização de televisão avalia o carácter da televisão e pretende ganhar e ter satisfação espiritual através da televisão.

As organizações de televisão têm políticas que incluem regras legais e princípios sociais e também abordagens e opiniões do proprietário da organização. As opiniões e abordagens do proprietário têm sempre um forte impacto nas produções televisivas devido à intenção do proprietário. Geralmente, o proprietário pretende transmitir as suas opiniões às pessoas e quer ser satisfeito numa dimensão espiritual. A ideia e a abordagem tornam-se princípios da organização televisiva e reflectem-se na televisão através das produções.

As organizações de televisão produzem histórias de ficção e também abordagens filosóficas e espirituais e transmitem-nas aos espectadores através da radiodifusão. Teoricamente, a transmissão televisiva deve ser neutra, mas é quase impossível encontrar uma organização televisiva neutra nos tempos modernos. Os proprietários de organizações de televisão geralmente usam a organização de televisão para propagar as suas opiniões e abordagens e para se satisfazerem através da transmissão.

RESPONSABILIDADE SOCIAL DOS ÓRGÃOS DE COMUNICAÇÃO SOCIAL SOBRE OS PERIGOS AMBIENTAIS: PRODUÇÕES DE ALERTA

Os órgãos de comunicação social têm muitas responsabilidades devido à sua posição social e aos seus efeitos sociais. Têm responsabilidades na política, na economia, na educação, na cultura, no ambiente e outras. Qualquer meio de comunicação social não pode evitar e fugir à responsabilidade e todos têm de cumprir as suas responsabilidades (Brecher, 2016, 317). Os media têm as responsabilidades mais importantes devido ao seu poder.

A maior parte das pessoas está consciente dos perigos e riscos ambientais e toma conhecimento das dimensões dos perigos através dos meios de comunicação social em todo o mundo. Os meios de comunicação social utilizam sobretudo materiais sobre o ambiente e interessam-se muito por esses materiais. Alguns meios de comunicação social estão conscientes de que são instrumentos sérios de alerta sobre o ambiente e são capazes de prevenir alguns riscos ambientais e também podem transmitir soluções para os problemas ambientais, mas alguns meios de comunicação social não são cuidadosos com o alerta sobre o ambiente (Cavallo e outros, 2006, 1581). O poder dos meios de comunicação social pode ser utilizado para prevenir ou resolver problemas ambientais, alertando as pessoas.

Um dos problemas mais importantes do mundo é o ambiente, devido às condições actuais, aos melhoramentos eléctricos e electrónicos, à poluição e à tecnologia, e um grande número de pessoas sofre de diferentes problemas ambientais e está interessado em encontrar soluções para esses problemas. Algumas pessoas assistem especialmente aos meios de comunicação social para encontrar uma solução para os seus problemas ambientais. Muitas pessoas interessam-se pelos meios de comunicação social para encontrar soluções para os seus problemas e para aprender sobre a agenda ambiental (Kentley e outros, 2006, 650). Há muitas notícias, artigos e produções nos media todos os dias e as apresentações dos media orientam as pessoas e apresentam-lhes algumas soluções e formas disponíveis.

Os meios de comunicação social, que são produtos imponentes da tecnologia, respondem às necessidades das pessoas, desde a aprendizagem de notícias à informação e da identificação à participação na opinião pública. Além disso, os meios de comunicação social podem impressionar as memórias das pessoas e podem transmitir opiniões, linguagem e comportamentos das pessoas. Os media são a dinâmica mais eficaz das sociedades recentes e têm soberania na agenda da sociedade e podem orientar a vida das pessoas (Stamm, 2013, 258). As pessoas interessam-se naturalmente pelos media para encontrar soluções para os seus problemas de saúde e para prevenir riscos para a saúde e perigos ambientais. As pessoas pensam que é mais fácil ver os media para aprender conhecimentos sobre o ambiente e para aprender soluções para o ambiente. Os meios de comunicação social são formas próximas de resolver os problemas.

Os efeitos dos meios de comunicação social abrangem uma grande área e grandes massas utilizam os meios de comunicação social e estão interessadas nas mensagens dos meios de comunicação social. Muitas pessoas planeiam a sua vida quotidiana de acordo com os meios de comunicação social e consideram os avisos dos meios de comunicação social (Mutz e Martin, 2001, 111). Os meios de comunicação social funcionam como um ator social. Os meios de comunicação social mostram numerosas catástrofes ambientais e erros ambientais cometidos pelas pessoas e as pessoas estão conscientes da gravidade dos perigos através dos meios de comunicação social e algumas pessoas tentam seriamente proteger o ambiente através das produções de alerta dos meios de comunicação social.

Os meios de comunicação social têm soberania sobre a vida social e as pessoas recorrem frequentemente aos meios de comunicação social para se informarem sobre a agenda e os acontecimentos globais e planearem as suas vidas de acordo com os meios de comunicação social. Para além dos acontecimentos políticos ou económicos, as pessoas estão especialmente interessadas em produções sobre o ambiente nos meios de comunicação social devido a problemas ambientais gerais como a poluição, as catástrofes ou as doenças (Cooper, 2002, 366). Os temas ambientais são materiais muito disponíveis e produtivos para os meios de comunicação social e os temas ambientais proporcionam aos meios de comunicação social muitos ganhos devido ao interesse das grandes massas (Woolley, 2000, 168). Os media utilizam muito os materiais ambientais e têm muitas produções diferentes sobre o ambiente. Não há qualquer possibilidade de as produções sobre o ambiente não serem vistas nos media, porque muitas pessoas sentem e sabem que fazem parte do ambiente.

Este estudo tem por objetivo avaliar a função dos meios de comunicação social, discutir a relação entre os meios de comunicação social e o ambiente e realçar a responsabilidade dos meios de comunicação social no ambiente. Os meios de comunicação social têm algumas responsabilidades sociais nas condições contemporâneas como dinâmica social e como guias sociais. As funções dos meios de comunicação social numa sociedade são conhecidas como transmitir notícias, entreter e ensinar algo e as pessoas interessam-se normalmente pelos meios de comunicação social para aprender e para se divertirem (Ladd e Lenz, 2009, 407). Os meios de comunicação social têm a responsabilidade mais importante sobre o ambiente no mundo em que o ambiente se torna o problema mais importante nas condições contemporâneas devido às melhorias eléctricas, electrónicas e tecnológicas. No final deste estudo, salienta-se a importância de alertar as produções dos meios de comunicação social para o ambiente e de assinar a responsabilidade dos meios de comunicação social no ambiente.

Muitas pessoas tentam utilizar os meios de comunicação social devido ao seu poder e ao seu impacto no mundo. Políticos, homens de negócios e cantores são as principais personagens das produções mediáticas e muitas outras pessoas tentam recentemente ser heróis dos media (Wilhoit, 1969, 317). As pessoas que precisam de fama e que precisam de ser conhecidas por muita gente querem contactar os media e os media querem contactá-las para produzir produções coloridas que atraiam facilmente as pessoas. No mundo dos media, tudo traz uma novidade e a vida das pessoas muda através dos media. Especialmente nas sociedades subdesenvolvidas, as pessoas vêem os media como principais referências e vivem guiadas pelos media.

Os meios de comunicação social são os produtos tecnológicos mais apreciados e são utilizados habitualmente em todo o mundo, influenciando milhares de milhões de pessoas com as suas produções atractivas (Javed, 2003, 912). Os media, que são utilizados para aprender conhecimentos universais e diferentes impressões, são os instrumentos mais comuns nas sociedades contemporâneas e são tão valiosos como os líderes de opinião. Embora existam conteúdos espirituais e filosóficos nos media, muitas pessoas interessam-se por eles para se divertirem ou passarem momentos agradáveis (Jenkins, 2012, 33). Os media são produtos da tecnologia avançada e apresentam às pessoas muitas facilidades coloridas e divertidas com base na tecnologia. Os meios de comunicação social permitem que as pessoas aprendam conhecimentos e notícias e, para além disso, obtenham diferentes inspirações e opiniões.

Os media são os instrumentos que transmitem muitas mensagens de um lado para o outro e mudam posições de opiniões ou decisões de uns para outros e levam as pessoas à vida social no mundo. Os media são uma fonte de conhecimentos e opiniões e um movimento social devido aos seus conteúdos (Flowers e outros, 2003, 270). Os media estão na vida das pessoas com as suas notícias e opiniões, com imagens, com vozes e com muitas impressões diferentes durante cerca de

300 anos. Os media desenvolveram-se devido à tecnologia e adaptaram-se à estrutura conjuntural das sociedades e respondem a muitas exigências das pessoas (Faflik, 2009, 242). Muitas pessoas consideram que os media são os principais componentes das suas vidas e dos seus planos futuros.

Os primeiros jornais entraram na vida das pessoas no início do século XVII como componentes surpreendentes e excitantes. Eram jornais incolores, mas cheios de notícias que as pessoas se perguntavam e pelas quais se interessavam. Os primeiros jornais satisfaziam muito as pessoas devido ao seu conteúdo suficiente como primeiro meio de comunicação social (Camp, 1935, 84). Os primeiros meios de comunicação social respondiam a muitas exigências sociais das pessoas que viviam em áreas urbanas e que precisavam de aprender o que era atual e de comunicar com os outros. Os meios de comunicação utilizavam uma linguagem familiar que as pessoas conhecem e falam todos os dias e mudaram a sua linguagem devido à sua política atual.

No início da era dos media, as pessoas viam os media como uma fonte de conhecimento através das notícias e aprendiam muitas opiniões e impressões através de artigos. Os media tornaram-se um componente principal da vida social e as pessoas não podiam evitá-los devido à sua necessidade (Holmes, 1961, 251). As pessoas eram afectadas pela seriedade e integridade dos meios de comunicação social nas condições do primeiro período dos meios de comunicação social. No início, os media tinham uma função de informação social e respondiam às necessidades de informação das pessoas. Quando os media difundiam numerosas informações, opiniões e inspirações, ensinavam a sua própria linguagem. As pessoas estavam muito interessadas nos meios de comunicação social na sua vida social e os meios de comunicação social tornaram-se componentes sociais que dizem respeito a todos os componentes sociais.

Os jornais, a rádio e as revistas sobreviveram como componentes fundamentais da vida durante muito tempo e apresentaram às pessoas informações sobre o mundo e a vida. Falavam de política, de economia, de arte, de desporto, de acontecimentos actuais e transmitiam opiniões importantes através de artigos de autores (Barabas e Jerit, 2009, 86). Havia menos cores e imagens nos media devido à tecnologia e os media estavam longe da cultura popular, que era divertida e barata. A Internet participou no mundo dos media e começou a ser muito utilizada devido às suas amplas facilidades e à sua janela colorida recente (Girardi, 2012, 127). A Internet pode transmitir inúmeras mensagens às pessoas, que se interessam muito por ela devido ao seu carácter atraente.

Os meios de comunicação social estão naturalmente ligados à estrutura social, à cultura e à conjuntura global. A cultura determina os papéis sociais, as organizações sociais, as identidades e todas as outras componentes sociais e fornece às pessoas uma energia para viverem juntas. Existe também uma relação entre a dinâmica social e a cultura que resulta de toda a acumulação social e dinâmica social (Barnett e Allen, 2000, 159). Os media são uma das dinâmicas mais eficazes de uma sociedade e são afectados pela cultura e influenciam os media. Todas as dinâmicas são componentes de um agregado e afectam outro. Os meios de comunicação social são, de facto, a principal dinâmica da estrutura social na era moderna e muitas pessoas organizam as suas vidas em função dos meios de comunicação social.

Uma cultura uniforme surgiu relativamente na Terra devido aos meios de comunicação social e milhares de milhões de pessoas começaram a vestir o mesmo, a falar o mesmo e até a pensar o mesmo. Esta é a cultura dos media e a cultura dos media desvia as pessoas para os pontos que elas querem (Lieber e Weisberg, 2002, 161). As transmissões dos meios de comunicação social são sempre atractivas e encorajadoras e as pessoas, na sua maioria, não conseguem opor-se às mensagens dos meios de comunicação social. Desde que os media se tornaram dominantes no mundo, uma grande massa que se interessa pelos media e os vê fala a mesma língua. Os media proporcionam uma unidade à sociedade e o carácter da sociedade forma-se através dos media

(Flowers e outros, 2003, 265). No processo de formação, os media têm muitas responsabilidades sociais.

A cultura dos media tornou-se a cultura dominante na sociedade devido aos seus grandes companheiros. Uma grande massa está naturalmente ligada aos media e estes são também companheiros do capitalismo que vende bens e imagens e simula pessoas. Por este motivo, os media são maioritariamente utilizados pelos capitalistas monopolistas (Friendland e outros, 2007, 47). Esta é a cultura popular. Há muitas atracções, como a privatização, a democratização e o pós-modernismo, na cultura popular e as pessoas são atraídas por elas. Muitos problemas diferentes emergem na cultura popular e as pessoas conhecem muitos conceitos e métodos diferentes nas condições contemporâneas.

Os media estão naturalmente preocupados com a cultura e utilizam frequentemente materiais culturais interessantes e agradáveis. As personagens coloridas, as palavras engraçadas, as histórias emocionantes e os lugares misteriosos da cultura são os principais materiais para os media e estes organizam todos os materiais culturais como produtos atractivos (Ernst, 1964, 12). Os meios de comunicação social podem transformar todos os materiais em materiais atractivos e divertidos com a ajuda da tecnologia e querem que todos os compreendam e os adoptem. Por isso, os media preparam produtos simples e divertidos, tanto quanto possível. Entretanto, os media provocam alterações na estrutura e na utilização da linguagem.

Para além de veicularem notícias e mensagens de entretenimento, os meios de comunicação social são instrumentos sociais que permitem participar em actividades sociais e ambientes sociais e as pessoas conhecem diferentes componentes da sociedade através dos meios de comunicação social. Os meios de comunicação social funcionam como uma dinâmica ativa da sociedade e orientam-na para as tendências globais e universais, proporcionando às pessoas muitas facilidades diferentes. A agenda global também é organizada na emissão dos media e é transmitida às pessoas através dos media (Matuozzi, 2002, 232). A maioria das pessoas não pode ignorar os media devido aos seus efeitos globais e reais.

A sociedade é uma unidade organizada que pode responder a todas as necessidades com as suas organizações e com a sua dinâmica ativa e que proporciona ao seu povo muitas facilidades nas suas decisões planeadas para as necessidades físicas e também espirituais das pessoas. As pessoas costumavam responder às suas necessidades culturais e espirituais na sua cultura tradicional até à Revolução Industrial e respondiam às suas necessidades na zona rural até à urbanização (Chastain, 1996, 60). A Revolução Industrial e a urbanização alteraram muitas condições e muitas abordagens no mundo e as pessoas tinham culturas diferentes nas suas novas vidas, equipadas com produtos tecnológicos.

Os media são o resultado de melhorias tecnológicas, mas mudaram as abordagens e as culturas das pessoas mais do que a sua vida física. Os media surgiram como resultado da ideia do homem e foram alimentados pela ideia do homem e trouxeram opiniões de outras pessoas e outras ideias extraordinárias para a vida das pessoas e influenciaram-nas. No início da urbanização, as pessoas encontravam as suas esperanças culturais nos meios de comunicação social e conheciam-nos como amigos íntimos, mas os meios de comunicação social transmitiam sobretudo, mas não recebiam (Linke, 2007, 355). As pessoas não conseguiam comunicar completamente com os media, mas continuavam a gostar deles. Porque os media são os instrumentos de entretenimento mais próximos e as fontes de notícias mais próximas.

Nas vidas complexas e problemáticas das pessoas, os meios de comunicação social apresentaram-lhes mundos de imaginação vastos e levaram-nas para mundos de imaginação onde as pessoas queriam apagar-se. Em geral, os media abordam temas da vida de outras pessoas e transmitem assuntos sobre outras pessoas e sobre muitas regiões diferentes do mundo. Isto é uma resposta para as pessoas que querem interessar-se por outras vidas e outros mundos e os media proporcionam-lhes uma grande facilidade. Entretanto, os media utilizam uma linguagem atractiva e atraem as pessoas para mundos fantásticos através das suas linguagens (Baird, 2000, 21). Os media utilizam todos os materiais do mundo e do universo para conceber produções atractivas.

Os meios de comunicação social são requisitos que dizem respeito aos problemas sociais, às melhorias económicas e políticas e ao entretenimento das pessoas, e respondem às necessidades sociais das pessoas de uma forma simples. Os meios de comunicação social são geralmente utilizados para passar um tempo agradável e para aprender notícias diárias e os meios de comunicação social são mais apreciados do que os livros ou os discursos filosóficos no século XXI (Chen, 2004, 694). As pessoas do século XXI interessam-se sobretudo pela tecnologia e pelas produções tecnológicas e pelo entretenimento tecnológico, mas não se interessam por questões filosóficas ou espirituais.

De certa forma, os meios de comunicação social apresentam às pessoas assuntos comuns e proporcionam o encontro de pessoas em torno dos mesmos assuntos numa sociedade. Os meios de comunicação social são instrumentos culturais comuns numa sociedade devido a assuntos comuns e os meios de comunicação social inspiram normalmente opiniões para tomar decisões para uma sociedade. Os media são uma das dinâmicas sociais devido às suas características sociais e aos seus impactos sociais (Chernilo, 2002, 447). Um dos assuntos mais importantes é a saúde nas sociedades, devido às condições contemporâneas, às alimentações artificiais e ao uso da tecnologia. Os media interessam-se naturalmente pelos problemas de saúde e utilizam materiais de saúde nas suas produções.

As pessoas procuram soluções para os seus problemas psicológicos e físicos, porque os media são os instrumentos mais próximos da vida social. As pessoas precisam dos media para aprender e saber o que precisam e o que querem saber e os media ganham ao transmitir o que as pessoas precisam. A relação entre os meios de comunicação social e as pessoas causa fé entre dois componentes da vida social e as pessoas acreditam que são satisfeitas através dos meios de comunicação social (Jacobs, 2009, 163). As pessoas encontram respostas às suas perguntas sobre saúde nos media e estes planeiam aumentar as suas produções de saúde para responder às pessoas. Os problemas comuns dão sempre muito lucro aos meios de comunicação social porque um grande número de pessoas sofre de problemas comuns e a maior parte delas está à frente dos meios de comunicação social.

Os meios de comunicação social utilizam todos os materiais da vida e do universo para se dirigirem às pessoas e para as atrair para mundos imaginários. Qualquer tema, da economia à política, dos acontecimentos quotidianos aos planos para o futuro, pode ser utilizado nos meios de comunicação social, que escolhem especialmente os temas que interessam às pessoas e tentam transformar os temas comuns em temas atractivos. O ambiente é um dos temas mais populares e que tem despertado o interesse das pessoas nos últimos tempos, devido aos problemas ambientais actuais e aos perigos comuns. Muitas pessoas sofrem de diferentes riscos e procuram soluções e, muitas vezes, esperam por soluções dos media como dinâmica social (English e outros, 2009, 1679). Os problemas das pessoas carregam as responsabilidades sociais dos media.

Os meios de comunicação social utilizam frequentemente materiais sobre o ambiente devido ao interesse das pessoas, à importância do ambiente e ao facto de as pessoas se maravilharem com os perigos ambientais. Muitos riscos diferentes, perigos diferentes e soluções diferentes são utilizados como materiais de produção dos meios de comunicação social e estes estão sempre muito interessados, porque as pessoas são diretamente componentes do ambiente. Um grande número de pessoas tem problemas relacionados com o ambiente, como a poluição ou a radiação, ou sente-se incomodado e quer sentir-se bem e saudável. Os meios de comunicação social são a forma mais próxima de obter conhecimentos e soluções e a maioria das pessoas confia nos meios de comunicação social para aprender as formas correctas (Prior, 2005, 588). Os meios de comunicação social são normalmente vistos para se obter conhecimento sobre as notícias diárias e sobre os problemas individuais ou sociais e para se encontrarem algumas formas de encontrar soluções.

O ambiente é uma base indispensável da vida e permite que as pessoas vivam com saúde e em paz, se sintam bem, produzam e comuniquem bem. Por conseguinte, o ambiente é visto como uma questão importante na vida e são criadas organizações oficiais e não governamentais para os riscos ambientais e os perigos ambientais (Byrne e outros, 2004, 34). Ninguém pode sobreviver se não resolver os seus problemas ambientais e todos tentam viver de forma saudável e consciente da vida. Os governos também tentam resolver os problemas ambientais e formar as pessoas sobre o ambiente e as organizações ambientais contribuem para isso (McFarland e outros, 2006, 604). Para além das organizações governamentais, as pessoas recorrem a outros serviços e instrumentos como os meios de comunicação social sobre o ambiente.

Os meios de comunicação social seguem todos os acontecimentos, todos os problemas e todas as actividades da sociedade e utilizam-nos para as suas produções como materiais atractivos. As pessoas interessam-se naturalmente pelos meios de comunicação social para se inteirarem das notícias diárias e participarem na vida social, para se inteirarem dos acontecimentos mundiais e para terem algum conhecimento sobre os seus problemas. Lêem sempre os jornais, ouvem rádio, vêem televisão e pesquisam na Internet para saberem as últimas novidades e encontrarem formas de resolver os seus problemas de saúde e os perigos ambientais (Sprague e outros, 2008, 591). Muitos académicos e ambientalistas escrevem ou falam sobre o ambiente nos meios de comunicação social e comunicam com um grande número de pessoas sobre o ambiente através dos meios de comunicação social. O ambiente é utilizado como material para notícias, entrevistas, séries, debates, etc. É um facto que os meios de comunicação social alertaram muitas pessoas para os perigos ambientais até à data.

Embora os meios de comunicação social utilizem, na sua maioria, materiais imaginários para preparar diferentes produções, as pessoas vêem as mensagens dos meios de comunicação social como mensagens reais e confiam nas pessoas e nos meios de comunicação social. As pessoas lêem ou ouvem as pessoas que escrevem ou falam corretamente sobre o ambiente nos meios de comunicação social e tentam fazer o que elas dizem e tentam aplicar as técnicas que os ambientalistas dizem nos meios de comunicação social (Carpenter, 2002, 502). Os meios de comunicação social são uma importante fonte ambiental para soluções e curas de problemas de saúde e as produções ambientais aumentam de dia para dia nos meios de comunicação social devido à importância do ambiente.

Centenas de pessoas telefonam para as produções ambientais nos meios de comunicação social e contam os seus problemas e pedem soluções e, por vezes, sentem-se como pessoas problemáticas nos gabinetes. Todos os jornais têm unidades ambientais nas suas páginas e escrevem muitos artigos sobre o ambiente, os riscos e os perigos. Os canais de rádio recebem um académico ou um ambientalista todos os dias e contactam com as pessoas para conhecerem as suas queixas ambientais e os canais de televisão transmitem informações sobre os perigos ambientais e sobre técnicas de solução todos os dias e também contactam com as pessoas por telefone ou correio (Hartley, 2002, 296). Alguns dos meios de comunicação social funcionam como organizações ambientais profissionais.

Para além do conhecimento sobre os perigos ambientais ou sobre os riscos ou sobre as técnicas de solução ou sobre questões ambientais globais, os meios de comunicação social alertam as pessoas para os riscos ambientais e os perigos para o ambiente no mundo e transmitem às pessoas diferentes métodos. Muitas pessoas seguem os meios de comunicação social corretamente e aplicam os avisos dos meios de comunicação social sobre o ambiente e previnem-se contra os riscos através dos meios de comunicação social (Kirkland, 2001, 444). Os meios de comunicação social são instrumentos sérios para alertar as pessoas para os perigos ambientais e os avisos dos meios de comunicação social evitaram muitos problemas ambientais e ajudaram a resolver alguns problemas ambientais no mundo até à data (Baker, 2005, 215). Utilizar os meios de comunicação social para resolver problemas ambientais é uma das formas disponíveis para proteger o ambiente e prevenir os perigos ambientais.

Saúde significa sentir-se bem no corpo psicológico e físico e o homem pode compreender a vida com saúde e a saúde é possível num ambiente protegido. O ambiente é uma componente indispensável para viver em paz, ser saudável e participar na vida social. Todos tentam proteger a sua saúde num ambiente saudável contra os riscos e não podem ignorar os problemas ambientais e tentam encontrar soluções para os seus problemas ambientais. As pessoas seguem todas as facilidades para o ambiente e procuram técnicas e formas de proteção e aplicam todas as formas para resolver os seus problemas ambientais. Os meios de comunicação social são as fontes mais populares de soluções e conhecimentos ambientais e as pessoas recorrem sobretudo aos meios de comunicação social para aprenderem sobre o ambiente e encontrarem soluções para os perigos e problemas ambientais.

Toda a gente tem de cuidar do ambiente para viver com qualidade e sentir-se poderoso. A saúde ambiental é uma necessidade importante da vida e a qualidade de vida e a posição do homem dependem do ambiente. Por conseguinte, as organizações e os serviços ambientais são maioritariamente organizados pelo governo e as pessoas estão à frente de todas as facilidades ambientais na vida social. Os meios de comunicação social, que são os instrumentos mais comuns e mais populares do século XXI, transmitem muitas mensagens e conhecimentos diferentes sobre milhares de temas, bem como conhecimentos e avisos sobre o ambiente. Informar as pessoas sobre diferentes assuntos e avisá-las sobre diferentes assuntos é da responsabilidade dos meios de comunicação social e estes apresentam muitos conhecimentos e avisos sobre o ambiente.

Os meios de comunicação social são instrumentos indispensáveis no mundo contemporâneo e as pessoas recorrem aos meios de comunicação social para aprenderem a agenda, planearem a sua vida e saberem tudo o que precisam no seu dia a dia. As pessoas procuram soluções e formas disponíveis para os seus problemas nos meios de comunicação social, pois estes são os instrumentos mais próximos da vida social. Como responsabilidade social, os avisos dos meios de comunicação social sobre os perigos ambientais são necessários para uma vida de qualidade e a vida social envolve produções ambientais mais organizadas e mais desenvolvidas nos meios de comunicação social. Os meios de comunicação social têm de se interessar pelo ambiente tanto quanto pela política e tanto quanto pela economia e apresentar às pessoas mais avisos num mundo cheio de riscos.

Os meios de comunicação social são enormes produtos da tecnologia e, tal como outras tecnologias, causam alguns problemas físicos e sociais, mas podem causar mais benefícios à sociedade e ao mundo. Os media podem evitar muitos riscos e perigos ambientais e muitos problemas, alertando as pessoas para os riscos através das suas produções.

Liderança em organizações de media
O mundo muda, a cultura muda, as sociedades mudam e os media, que são vistos como o

centro da vida, mudam devido às condições. Os media estruturam-se novamente nos componentes da era moderna (Weibull, 2016). A era moderna contém muitos componentes tecnológicos novos e abordagens modernas e as organizações renovam-se devido às condições modernas. As organizações que pretendem ter sucesso na economia global criam uma nova estrutura e concebem novos planos. Um dos princípios da estrutura moderna é a obtenção de um líder (Pierre, 2016). O líder é alguém que adopta a nova organização e faz toda a produtividade da organização.

O sucesso e os ganhos de uma organização mediática são determinados por um líder que gere e conduz a organização. A liderança confere à organização mediática uma identidade e uma produção eficiente (Lavine, 2016, 59). A liderança é uma parte da hierarquia e é uma necessidade para o trabalho eficiente do pessoal. O líder não só gere a organização, como também organiza as posições e os papéis do pessoal (DeRue e Ashford, 2010, 633). Uma organização é naturalmente bem sucedida e ganha através da sua gestão.

O Leader dá motivação às organizações dos media e apresenta inovações para as produções. O líder interessa-se pela psicologia dos trabalhadores e gere a sua psicologia (Huang e outros, 2010, 132). O sucesso do negócio depende da eficiência e a sustentabilidade é essencial para a produtividade de uma organização. A sustentabilidade mantém viva toda a dinâmica da organização e um líder consistente pode proporcionar isso (Duran-Encalada e Paucar-Caceres, 2012, 1071). O sucesso e a produtividade de uma organização mediática dependem sobretudo de um líder de sucesso.

As organizações modernas têm de ter em conta muitos factores, como os valores culturais, a dinâmica social, as condições globais e os desenvolvimentos científicos, para além da economia. Por conseguinte, as organizações mediáticas requerem gestores muito qualificados (Westphal e outros, 2012, 236). O termo "liderança" é utilizado para designar a comunicação inter ou intragrupal. Em termos estritos, o seu significado é influenciar a comunicação. Fundamentalmente, liderança e influência são sinónimos. Da multiplicidade de definições, como elemento comum surge o carácter processual da liderança e o facto de envolver um grupo sobre o qual o gestor exerce uma influência formal ou um líder informal exerce uma influência informal, sendo que em ambos os casos esta influência é transmitida através de uma forma de comunicação, de modo a influenciar a realização de objectivos de grupo ou a consecução de metas (Fans, 2013, 74). O líder é um fator inevitável para influenciar as pessoas.

As pessoas aprendem a pensar de forma completamente diferente sobre o que fazem e como o fazem e a integrar o trabalho de novas formas que esbatem as linhas entre comunicação, marketing, investigação, serviço ao cliente e envolvimento do cliente, envolvendo-se numa comunicação transparente e em tempo real com seguidores, colegas, críticos e clientes, liderando a mudança numa área em que podem ainda não estar totalmente confortáveis, mas onde a organização precisa de ir para se manter atual, relevante e viável (Huang, 2011, 1109). Uma boa liderança significa distribuir melhor as funções e gerir melhor o trabalho.

A liderança envolve diferentes níveis e acumulações e guia uma organização até aos seus objectivos (managementhelp.org, 2016).

A liderança nas empresas de comunicação social está frequentemente dividida entre a gestão comercial e a gestão editorial. Esta situação é muito comum nas empresas de comunicação social dos países nórdicos, onde o chefe de redação tem a responsabilidade total pelo departamento editorial e pelo conteúdo dos meios de comunicação social em questão, enquanto a parte comercial é gerida e controlada pelo diretor-geral. No entanto, a dupla liderança é menos comum nos países anglo-saxónicos, onde um editor controla tanto a parte editorial como a parte comercial da empresa de comunicação social. Muitas empresas do sector dos meios de comunicação social são controladas e/ou propriedade de famílias. Entre os grandes meios de comunicação social internacionais de controlo privado, os mais conhecidos na Europa são a News Corporation de Rupert Murdoch e a Bertelsmann, ou, na Escandinávia, a Bonnier ou o Aller Group (Kung, 2006, 181). Os meios de comunicação social de renome mundial são organizações bem organizadas e bem geridas.

Da carência tecnológica às organizações dos media

As pessoas passaram do tempo em que a tecnologia era inexistente para o tempo em que as organizações modernas proporcionam muitas facilidades às pessoas. As pequenas mercearias antes da Revolução Industrial transformaram-se em grandes mercados e, para além disso, a tecnologia proporcionou às pessoas inúmeras facilidades após a Revolução Industrial. A educação também mudou e as organizações educativas que não dispunham de tecnologia suficiente transformaram-se em organizações educativas que dispõem de instalações de alta tecnologia. As organizações educativas e os meios de comunicação social começaram a trabalhar em conjunto (Facon, 2013,

474). Utilizaram as suas acumulações e as suas energias.

A educação para a informação e a comunicação contém a criação de um conceito moderno de comunicação e o encaminhamento do processo de comunicação, a aquisição de competências para lidar com problemas de comunicação, a orientação da comunicação para o sucesso em todas as áreas da vida e a utilização da tecnologia mais disponível para comunicar na era moderna (Lin e Ha, 2009: 581). A comunicação eficaz é uma necessidade da era moderna devido às condições empresariais modernas e ao estilo de vida moderno e a comunicação eficaz é uma necessidade das condições sociais modernas e é necessária para a coesão social (Randall e Graffagnino, 2012: 730). A comunicação eficaz é especialmente necessária para as organizações económicas na era moderna, em que a economia é a primeira dinâmica do mundo.

Devido à importância e à necessidade da comunicação, as pessoas esperam aprender sobre comunicação e querem utilizar tecnologias modernas para comunicar. Muitas pessoas dispõem de tecnologias de comunicação, como telemóveis ou computadores ou diferentes softwares, mas os estudantes, os funcionários e os trabalhadores e todas as pessoas querem utilizar as tecnologias de comunicação da melhor forma possível (Kwilecki, 2009: 124). As tecnologias da comunicação são especialmente utilizadas na educação, na saúde, nos transportes, na segurança, na banca, no jornalismo, nas redes sociais, nas compras, etc. (Bach, 2013: 257). Na era moderna, as pessoas tentam aprender notícias através de métodos em linha e muitas pessoas utilizam a Internet para enviar e receber mensagens.

As tecnologias da informação e da comunicação, que permitem criar conhecimento e aceder à informação, são os instrumentos mais populares da era moderna. As tecnologias da informação e da comunicação são todos os tipos de instrumentos áudio, visuais, de impressão e de escrita e são os principais componentes do desenvolvimento contemporâneo (McMahon e outros, 2014: 261). Muitas pessoas utilizam o computador, a televisão, a máquina fotográfica, o telefone, a impressora, os monitores, o modem, os sistemas de imagem, os sistemas de GPS e outros para os seus trabalhos, para a sua vida quotidiana e para a sua educação. A educação para a comunicação tornou-se mais importante devido à utilização da tecnologia e às condições globais da era moderna nos últimos tempos.

Existem quase 200 universidades e quase 11 mil escolas secundárias e há mais de 60 departamentos de comunicação na Turquia. Existem departamentos de jornalismo, rádio, televisão, cinema, relações públicas, publicidade e design visual nos liceus e nas faculdades de comunicação, e há professores bem formados que ensinam em organizações educativas. As escolas secundárias e as universidades dispõem de muitas instalações tecnológicas para o ensino da comunicação e tentam acompanhar os desenvolvimentos contemporâneos, mas as condições contemporâneas desenvolvem-se mais rapidamente do que os desenvolvimentos educativos (Stambach e outros, 2011: 466). As condições contemporâneas mudam devido a planos políticos e a economia muda de forma devido à política e a tecnologia desenvolve-se devido a planos económicos e as pessoas mudam as suas vidas devido à tecnologia. Enquanto isso, a forma de educação e as técnicas de educação mudam naturalmente e os formadores têm dificuldades (Zhang, 2012: 415). Para além dos formadores, as organizações educativas e os administradores têm dificuldade em utilizar a tecnologia contemporânea devido a problemas financeiros.

A falta de recursos financeiros é uma das razões para a falta de tecnologia na educação, mas não é a única. A falta de espírito dos administradores das organizações educativas relativamente aos desenvolvimentos tecnológicos e à necessidade da tecnologia na educação é outra razão e há um grande número de administradores sem formação nos países subdesenvolvidos (Kansanen, 2002: 433). Professores e administradores sem formação são sempre problemas em todo o lado e as organizações educativas governamentais e não governamentais negligenciam por vezes a formação de professores e administradores (Akyeampong e outros, 2006, 168). Professores e administradores sem formação impedem naturalmente uma boa educação.

As sociedades e os governos mais desenvolvidos aperceberam-se da importância do ensino da comunicação na era moderna e a maioria deles organizou os seus métodos de ensino de acordo com as condições actuais. Uma vez que o campo da comunicação é tão vasto, existem muitas oportunidades de carreira disponíveis para os estudantes internacionais que estudam nas melhores escolas de comunicação dos EUA. Com a mais recente tecnologia, professores de topo e um país em que os meios de comunicação estão no centro, os estudantes internacionais que procuram estudar nas melhores escolas de comunicação podem descobrir um vasto leque de oportunidades (http://www.internationalstudent.com/, 2016). O ensino da comunicação exige muitas técnicas e abordagens modernas na era atual.

Um dos maiores desafios que os professores enfrentam na sala de aula universitária do século XXI é a dificuldade em manter o interesse e o envolvimento dos alunos enquanto estes permanecem ligados ao mundo exterior através dos seus dispositivos móveis. Os professores de todas as instituições de ensino superior são confrontados com a decisão de permitir ou não a utilização de aparelhos electrónicos, a fim de criar salas de aula centradas nos alunos (Curzan, 2014). É comum observar estudantes que estão fisicamente presentes, mas mentalmente preocupados com material não relacionado com o curso nos seus dispositivos móveis. Uma vez que os dispositivos móveis saturaram profundamente a população de estudantes universitários, este problema continuará provavelmente a representar um obstáculo significativo para os docentes (Kuznekoff e outros, 2015 358). Os dispositivos móveis e outros produtos tecnológicos atraem especialmente a próxima geração, os adolescentes e os estudantes universitários devido aos seus interesses.

A vida moderna não pode ser avaliada sem a tecnologia moderna devido à utilização comum da tecnologia. Entre as mudanças sociais da última década, talvez nenhuma seja tão omnipresente como a reconfiguração das relações interpessoais pela tecnologia de comunicação móvel. Além disso, os estudantes universitários lideram outros grupos demográficos no seu nível de envolvimento com a tecnologia de comunicação social, e os professores responderam com preocupação sobre o efeito que o acesso à tecnologia tem na aprendizagem dos estudantes. A investigação sobre comunicação instrucional apoia as suas preocupações, com a utilização da comunicação móvel associada a uma diminuição da aprendizagem cognitiva e a notas finais mais baixas (Ledbetter e Finn, 2015, 6). As condições contemporâneas levam as pessoas a utilizar a tecnologia e a tecnologia desenvolve-se devido à orientação das pessoas.

A educação para a comunicação foi aplicada com métodos tradicionais durante muito tempo, mas as condições mudaram de dia para dia, especialmente desde a Revolução Industrial, e as abordagens também mudaram. A educação contém componentes contemporâneas, ferramentas contemporâneas e métodos contemporâneos na era moderna. A educação para a comunicação moderna contém o processo de comunicação clássico e também a informação e a criação de mensagens e o anúncio da mensagem e também a criação de público e também para persuadir as pessoas e também afetar o público mundial e também utilizar a tecnologia de forma eficiente (Lentz, 2014, 196). A educação para a comunicação contém também psicologia e sociologia e relações internacionais e eletrónica e, naturalmente, informação contemporânea devido ao carácter da comunicação (Fortunato e outros, 2013, 167). A moderna educação para a comunicação também contém ciências comportamentais devido ao carácter humanista da comunicação.

Uma comunicação eficaz pode atenuar as dificuldades e reunir apoio para uma ideia ou uma abordagem. Por isso, a comunicação eficaz é preferida pelos administradores, pelos políticos, pelos fabricantes e por outros que têm grandes objectivos. Uma comunicação eficaz proporciona às pessoas muitos ganhos e muito prestígio devido ao poder da comunicação. A moderna educação para a comunicação examina os pormenores e os pontos-chave da comunicação e mostra as formas de sucesso da comunicação e as técnicas disponíveis (Bugs e Crusafon, 2014, 382). Quase todos os países estão a competir pela informação no século XXI e todos eles prestam atenção à educação para a informação e a comunicação. Os administradores disponibilizam grandes instalações para as organizações educativas e para a formação de formadores na era moderna, cuja base é a informação e a comunicação.

A educação para a comunicação contém Linguagem e Comunicação, Teoria da Comunicação, Metodologia da Investigação em Comunicação, Comunicação Cultural, Comunicação Organizacional, Retórica e Comunicação Não-Verbal, Escuta e Cultura Digital e Comunicação em algumas organizações educativas e, naturalmente, a utilização da tecnologia da comunicação (Dillon, 2004: 140). A educação para a comunicação contemporânea contém naturalmente condições de emissor e recetor e mensagem e feedback também em condições contemporâneas. A educação para a comunicação também inclui o cálculo do input e do output no processo de comunicação (Limburg, 2009: 68). A comunicação inclui muitos componentes complexos e a educação para a comunicação contém também muitas informações técnicas e culturais.

Tradicionalmente, os investigadores da comunicação pedagógica têm-se concentrado em investigar as características dos alunos, as características dos professores ou a interação comunicativa entre professores e alunos. No entanto, a fim de desenvolver uma compreensão mais abrangente da comunicação pedagógica, os investigadores alargaram mais recentemente a investigação do processo de aprendizagem para incluir as interacções comunicativas que os alunos têm entre si. Apesar dos progressos alcançados por estes estudos na compreensão da comunicação entre alunos na sala de aula, ainda há muito por compreender em termos da forma como os alunos se influenciam mutuamente no processo de aprendizagem. (Johnson e LaBelle, 2015). A educação para a comunicação distingue-se de outras educações devido ao seu carácter contemporâneo. A educação para a comunicação contemporânea deve ser apoiada por meios tecnológicos.

Algumas organizações educativas proporcionam aos seus estudantes instalações tecnológicas de comunicação e educação para os media, de modo a formá-los para as condições actuais. O Programa de Design de Tecnologias de Comunicação, Media e Aprendizagem (CMLTD) oferece um conjunto de programas de licenciatura para estudantes que procuram desenvolver capacidades de liderança na utilização de tecnologias de informação e comunicação na educação e na sociedade. O programa aplica-se a todas as áreas disciplinares e serve estudantes, funcionários e membros do corpo docente que partilham o compromisso de utilizar as tecnologias digitais para melhorar a educação a todos os níveis (http://www.tc.columbia.edu/, 2016). Muitas organizações educativas estão conscientes de que a tecnologia é a base da era moderna e da comunicação nas condições contemporâneas.

São utilizadas diferentes técnicas na educação devido à necessidade e as técnicas mudaram quando as épocas mudaram. A educação para a comunicação começa com a literacia e a compreensão, e as técnicas e os meios são mostrados aos alunos (McGhie-Richmond e outros, 2013: 228). A rádio e a televisão têm sido amplamente utilizadas como ferramentas educativas desde os anos 20 e 50, respetivamente. De acordo com os formadores, existem três abordagens gerais para a utilização da rádio e da televisão na educação: o ensino direto na sala de aula, em que a programação da rádio e da televisão substitui temporariamente os professores; a transmissão escolar, em que a programação da rádio e da televisão fornece recursos complementares de ensino e aprendizagem que não estão disponíveis de outra forma; e a programação educativa geral em estações comunitárias, nacionais e internacionais, que proporcionam oportunidades educativas gerais e informais (Deaney e outros, 2006: 472). A educação contemporânea funciona maioritariamente com base na tecnologia e todas as organizações educativas tentam obter facilidades tecnológicas em todas as oportunidades possíveis.

As técnicas tradicionais transformaram-se em técnicas modernas e as abordagens tradicionais transformaram-se em abordagens modernas na era moderna e a esperança das pessoas também mudou. As pessoas começaram a viver num mundo de ritmo acelerado na era moderna e procuraram ganhar muito e ter muito e deixaram muitos valores humanistas após a Revolução Industrial e a urbanização. Os métodos de comunicação e as línguas também mudaram e muitas técnicas de comunicação diferentes participaram na vida das pessoas (Fassett e Nainby, 2016: 120). A geração seguinte adoptou rapidamente as tecnologias contemporâneas e outras tentaram. A educação para a comunicação facilita a adoção de técnicas contemporâneas e a utilização de tecnologias contemporâneas.

A tecnologia facilita naturalmente a aprendizagem e proporciona abordagens alargadas para a compreensão. Aprender com a tecnologia significa concentrar-se na forma como a tecnologia pode ser o meio para atingir os objectivos de aprendizagem em todo o currículo. Inclui a apresentação, a demonstração e a manipulação de dados utilizando ferramentas de produtividade, bem como a utilização de tipos de aplicações específicas do currículo, como jogos educativos, exercícios e práticas, simulações, tutoriais, laboratórios virtuais, visualizações e representações gráficas de conceitos abstractos, composição musical e sistemas especializados, e a utilização de informações e recursos em CD-ROM ou em linha, como enciclopédias, mapas e atlas interactivos, revistas electrónicas e outras referências. As condições contemporâneas apresentam naturalmente às pessoas muitas facilidades e formas diferentes de comunicar (Kem, 2006: 203). A literacia tecnológica é necessária para que seja possível aprender com as tecnologias, o que implica um processo em duas fases em que os alunos aprendem sobre as tecnologias antes de as poderem efetivamente utilizar para aprender. No entanto, tem havido tentativas de integrar as duas abordagens (Tinio, 2015: 15). A tecnologia eletrónica, em particular, facilita a educação para a comunicação nas escolas.

A era moderna oferece às pessoas muitas facilidades de informação e comunicação, e as pessoas começam a utilizá-las. A evolução moderna das tecnologias da informação e da comunicação (TIC) oferece possibilidades interessantes para melhorar a qualidade da educação. O software educativo interativo, as bibliotecas digitais de acesso livre e a tecnologia mais barata e intuitiva podem facilitar novas formas de interação entre alunos, professores, funcionários da educação e a comunidade e melhorar a qualidade da educação, tornando-a mais acessível (http://download.ei-ie.org/). A utilização da tecnologia na educação para a comunicação é inevitável devido às condições e expectativas contemporâneas, mas nem todas as organizações educativas podem pagar a tecnologia ou algumas delas não a consideram necessária (Chong e Druckman, 2010: 671). Muitos estudantes utilizam a tecnologia melhor do que os formadores nas escolas.

O desenvolvimento tecnológico apresenta ao mundo contemporâneo muitas facilidades diferentes e uma dessas facilidades é a tecnologia digital. As pessoas vivem num mundo digital desde há algum tempo e formam as suas vidas em função dos desenvolvimentos digitais. A tecnologia digital também facilita a comunicação individual e a comunicação de massas e muitas mensagens são transmitidas através da tecnologia digital (Rye, 2010: 88). Os produtos da tecnologia digital e a utilização da tecnologia digital devem, naturalmente, ser avaliados como uma questão de educação para a comunicação nas escolas. Vivemos no meio de um período de mudanças económicas globais dramáticas, que co-evoluem e são alimentadas por uma revolução tecnológica igualmente dramática (Asselin e outros, 2005: 804). A revolução obrigou todos os sectores a mudarem e a educação mudou conforme necessário. O ensino da comunicação contém muitas matérias e instalações tecnológicas diferentes após a revolução.

As pessoas sempre procuraram viver de forma mais confortável e fácil, desenvolveram as suas vidas e inventaram muitas ferramentas e técnicas diferentes. As pessoas desenvolveram não só invenções físicas, mas também abordagens filosóficas. A educação desenvolveu-se devido às condições do tempo e, no passado, foram utilizados muitos métodos educativos diferentes. As condições alteraram os métodos e instrumentos educativos e cada época desenvolveu os seus próprios métodos. A educação para a comunicação foi aplicada de forma tradicional, mas também sofreu alterações devido às condições actuais. Os instrumentos e as técnicas de comunicação tradicionais foram abandonados na sua maioria na era moderna e os métodos tecnológicos substituíram-nos. Na era moderna, são utilizados muitos meios tecnológicos para a comunicação e as organizações educativas têm de os possuir e ensiná-los aos seus alunos.

A comunicação é uma das necessidades mais prementes das pessoas e, desde há muito tempo, as pessoas têm tentado desenvolver diferentes instrumentos e métodos de comunicação. As pessoas sempre utilizaram a sua inteligência e desenvolveram técnicas para as suas vidas e ensinaram-nas aos seus filhos. Todas as gerações desenvolveram técnicas e mudaram o mundo com as suas técnicas e criaram revoluções e novos estilos. As condições económicas, a vida social e as condições educativas mudaram devido ao desenvolvimento das tecnologias e a educação assumiu naturalmente uma forma contemporânea. As informações clássicas deixaram o seu lugar às informações e tecnologias contemporâneas.

A comunicação é uma disciplina cujo ensino é impossível sem os meios tecnológicos. Porque as actividades de comunicação contemporâneas assentam completamente na base tecnológica. Especialmente o computador e a tecnologia digital são muito utilizados para a comunicação e as escolas que têm departamentos de comunicação dispõem absolutamente de tecnologias de comunicação para ensinar aos seus alunos a comunicação contemporânea. Os telemóveis, as câmaras, os monitores, o computador, o software e os sistemas emissor e recetor são os principais equipamentos das escolas na era moderna. A maioria dos formadores tem uma boa formação sobre comunicação contemporânea e tecnologias da comunicação e os formadores que não têm conhecimentos suficientes sobre tecnologias da comunicação contemporânea continuam a receber formação.

Em primeiro lugar, as próximas gerações, especialmente as crianças, e depois a maioria das pessoas começam a utilizar as tecnologias da comunicação. As tecnologias da comunicação são necessariamente utilizadas no mundo dos negócios, as pessoas que trabalham no mundo da educação utilizam as tecnologias da comunicação e muitas outras utilizam-nas na era moderna. As tecnologias da comunicação proporcionam às pessoas muitas facilidades para comunicar e muitas outras facilidades para passar o tempo. Por conseguinte, a educação para a comunicação é uma necessidade nas escolas e a tecnologia da comunicação tem naturalmente de ser ensinada devido às condições contemporâneas, devido à sua grande utilização.

ORGANIZAÇÕES MEDIÁTICAS MODERNAS

Os meios de comunicação social tentam organizar as suas formas e os seus conteúdos devido aos desenvolvimentos modernos e tentam estruturar-se nas condições modernas dos últimos tempos. Qualquer meio de comunicação social não pode resistir ao desenvolvimento da era moderna e não pode resistir à regeneração. Os media também tentam organizar os papéis do pessoal e de outros instrumentos (Inglehart e Baker, 2000, 37). A era moderna impõe a todos um novo papel.

"Muitas estruturas são construídas a partir de compósitos com variações periódicas, ou duplamente periódicas, dos parâmetros materiais. As propriedades variadas, e por vezes inesperadas, de propagação de ondas dos compósitos (Milton 2002) motivaram uma série de novas aplicações notáveis, incluindo, mas não se limitando a, cristais fotónicos e fibras microestruturadas (Joannopoulos et al. 1995; Zolla et al. 2005), bem como a área em rápido desenvolvimento dos metamateriais (Smith et al. 2004). Assim, há um interesse considerável em modelizar a propagação de ondas através de meios com defeitos ou inomogeneidades regularmente espaçados" (Craster e outros, 2010, 2341). Em todo o caso, os meios necessitam de instrumentos e abordagens modernas e também de uma hierarquia justa.

A tecnologia desenvolve-se rapidamente e torna-se soberana na vida das pessoas. Muitas pessoas utilizam a tecnologia e não a evitam. Especialmente a tecnologia digital torna-se o estilo de vida da era moderna. "O caso da integridade do sinal demonstra que as forças e o impacto da convergência digital, combinados com a globalização, são reais e consideráveis, colocando desafios tanto aos políticos como às partes interessadas do sector dos meios de comunicação social. Estes desafios são ilustrados de forma proeminente pelo impacto crescente da Telenet, uma filial de uma multinacional americana, no sector da radiodifusão flamengo, potencialmente minando o equilíbrio económico e o equilíbrio do ecossistema dos meios de comunicação social cuidadosamente construídos, que resultam, em grande medida, das políticas de liberalização do sector controladas pelos flamengos desde a década de 198057. A isto acresce a forte interferência da UE em questões relacionadas com os meios de comunicação social, cuja filosofia neoliberal de um mercado único aberto e da concorrência parece deixar pouca margem de manobra aos governos nacionais e regionais" (Bulck e Donders, 2014, 457). Quando uma organização se estrutura, deve ter em conta muitos factores diferentes na era moderna.

A hierarquia da justiça é um dos factores que a organização deve ter em conta. "Quando os juízes decidem os casos, as suas opiniões têm força de lei. De facto, uma grande parte da lei que rege a vida americana é elaborada pelos juízes no decurso da decisão dos processos. Embora o Supremo Tribunal esteja no topo da hierarquia judicial americana e, em última análise, tenha autoridade para rever as decisões tomadas pelos tribunais inferiores, a maioria dos casos nunca chega ao Supremo Tribunal e continua a ser resolvida pelos tribunais inferiores. De facto, os tribunais inferiores exercem um grau considerável de poder na determinação da lei criada pelos juízes" (Clark e Tarruba, 2012, 593). Em qualquer caso, a hierarquia é essencial para todas as empresas.

"Os quadros políticos e regulamentares que moldam a radiodifusão, as telecomunicações e o desenvolvimento de infra-estruturas digitais estão ocasionalmente sujeitos ao tipo de escrutínio e intervenção públicos acima descritos. Por exemplo, grupos de cidadãos e de consumidores podem apresentar testemunhos em processos regulamentares, embora estes processos sejam frequentemente dominados por elites empresariais com vastos recursos financeiros e conhecimentos especializados. No entanto, existem exemplos de participação de partes relativamente marginalizadas que contribuíram para uma mudança significativa e duradoura" (McMahon e outros, 2014, 229). Os desenvolvimentos contemporâneos obrigam todos a mudar e a adotar condições modernas.

As organizações dos media mudam rapidamente. Os meios de comunicação social e o jornalismo são muitas vezes considerados essenciais para uma democracia sólida, porque oferecem orientação num mundo complexo e são importantes para a recolha de informações, o controlo e a responsabilização dos poderosos. Por outras palavras, o jornalismo, enquanto sistema social, permite que uma sociedade se observe e se sincronize, "uma vez que fornece ao público, de forma independente e periódica, informações e questões que são consideradas dignas de notícia, relevantes e baseadas em factos (Eberwein e Porlezza, 2014, 430). O facto de tentarem adaptar-se à era moderna e estruturarem-se numa abordagem contemporânea.

Como podemos tornar as organizações de media bem-sucedidas nos mercados em desenvolvimento? (Akymenko, 2016).

"Comecei a minha investigação aqui em Stanford com a seguinte pergunta: Como podemos implementar novos modelos de negócio para sustentar os media independentes nos mercados em desenvolvimento? Depois de falar com as pessoas, participar em conferências e assistir a aulas, percebi que a melhor forma de responder a esta pergunta é construir uma empresa de comunicação social de sucesso num mercado em desenvolvimento difícil - para dar o exemplo e criar um modelo e uma história de sucesso que outros possam seguir. O poder do exemplo - a única coisa que funciona.

Foi por isso que comecei a minha exploração com muitas aulas orientadas para os negócios na Graduate School of Business. Escolhi aulas que me ajudassem a compreender como funciona o empreendedorismo aqui em Silicon Valley e o que faz com que as empresas daqui sejam um sucesso.

Graças às aulas, vi o sector das notícias do ponto de vista de outras empresas e compreendo agora como temos sido conservadores. Em primeiro lugar, descobri que os meios de comunicação social não interessam aos investidores de risco no Vale, porque o modelo dispendioso e não escalável do jornalismo não se pode sustentar (especialmente depois de as receitas da publicidade terem sido cortadas pelo Google e pelo Facebook). É por isso que os meios de comunicação social de todo o mundo, e não apenas nos mercados em desenvolvimento, estão à procura de um modelo para subsidiar a criação de conteúdos. Alguns abriram agências de publicidade digital internas. Alguns estão a experimentar modelos de adesão e de subscrição digital, e outros estão a produzir eventos ao vivo.

Também explorei métodos que as empresas em fase de arranque utilizam para inventar novos produtos, através de aulas e workshops sobre design-thinking e princípios de lean startup. Tenho tentado responder à questão de saber como podemos utilizar estes métodos, bem como abordagens empresariais clássicas, para criar produtos mediáticos mais bem sucedidos.

Pesquisa de oportunidades

Com um grupo de nove talentosos membros da equipa da minha empresa de comunicação social, começámos a implementar métodos de design-thinking e de lean startup para criar os melhores serviços e produtos, que deverão ser a base das nossas novas fontes de receitas.

Penso que é crucial agora que os meios de comunicação social de todo o mundo redefinam o valor que podem oferecer nesta nova realidade económica. Experimentar, olhar para o futuro e conceber soluções inesperadas para leitores, telespectadores e membros do clube é a chave. Acabámos de começar nesta direção.

Visão de futuro

Para implementar mudanças e crescer, decidimos que precisamos de atrair investimentos de fundos de impacto. O mercado ucraniano é pequeno e muito arriscado, especialmente para os investidores dos media. O meu plano para as próximas semanas é reunir-me com potenciais financiadores".

Referências:

Aarts, K. e Semetko, H. A. (2003). The Divided Electorate: Media Use and Political Involment. *The Journal of Politics,* 65 (3): 759-784.

Akyeampong, K. e Pryor, J. e Ampiah, J. G. (2006). A Vision of Successful Schooling: Ghanaian Teachers' Understandings of Learning, Teaching and Assessment. *Comparative Education,* 42 (2): 155-176.

Akymenko, O. (2016). Como podemos tornar as organizações de media bem-sucedidas nos mercados em desenvolvimento? *Journalism Challenges,* 10.

Ali, C. (2016). Os méritos dos bens de mérito: O Jornalismo Local e as Políticas Públicas em Tempo de Austeridade. *Journal of Information Policy,* (6), 105-128.

Allen, P. (2011). O fim do modernismo? People's Park, Urban Renewal, and Community Design. *Journal of the Society of Architectural Historians,* 70 (3): 354-374.

Alvarez, R. M. e Hall, T. E. e Trechsel, A. H. (2009). Internet Voting in Comparative Perspective: The Case of Estonia. *PS: Political Science and Politics,* 42 (3): 497-505.

Andreescu, C. (2009). A gestão das organizações de media da teoria à prática. Manager, 10: 43-51.

Anderson, T. (2002). Mandala: Construindo a paz através da arte. *Educação Artística,* 55 (3): 3339.

Anderson, T. L. (2009). Understanding the Alteration and Decline of a Music Scene: Observations from Rave Culture. *Fórum Sociológico,* 24 (2): 307-336.

Anderson, S. e Souva, M. (2010). The Accountability Effects of Political Institutions and Capitalism on Interstate Conflict [Os efeitos da responsabilização das instituições políticas e do capitalismo nos conflitos interestatais]. *The Journal of Conflict Resolution,* 54 (4), 543-565.

Andreescu, C. (2016). A gestão das organizações Mmedia - da teoria à prática. https://ideas.repec.org/a7ovi/oviste/v10y2010i1p856-862.html. 10.02.2016.

Andrews, K. T. e Biggs, M. (2006). The dynamics of protest diffusion: Movement organizations, social networks, and news media in the 1960 Sit-Ins. *American Sociological Review,* 71 (5), 752-777.

A arte como ponte para a paz. http://www.jpost.com/Israel-News/Culture/Art-as-a-bridge-to-peace-405837. 26.01.2016.

Artz, L. (2003). Animando a hierarquia: Disney and the Globalization of Capitalism. *Global Media Journal,* 196: 1-18.

Ashfaq, I. (2005). *Prosperidade e paz através da arte. Faculdade de Arquitetura, Construção e Planeamento,* Universidade de Melbourne Refereed E-Journal, 19 (21): 1-6.

Asselin, M. e Early, M. e Filipenko, M. (2005). Accountability, Assessment, and the Literacies of Information and Communication Technologies. *Canadian Journal of Education / Revue canadienne de l'education,* 28 (4): 802-826.

Atkins, A. (2007). O estilo chega aos agrafos. *Minnesota History,* 60 (7), 268-281.

Avle, S. e Adunbi, O. (2015). Whose Freedom? De quem é a informação? Discursos sobre Políticas de Liberdade de Informação. *Journal of Information Policy,* (5), 179-203.

Aydogan, E. (2004). Aventura da inflação na Turquia desde 1980. *Administração e Economia,* 11 (1), 91-110.

Bach, A. e Shaffer, G. e Wolfson, T. (2013). Digital Human Capital: Developing a Framework for Understanding the Economic Impact of Digital Exclusion in Low-Income Communities [Desenvolvimento de um quadro para compreender o impacto económico da exclusão digital em comunidades com baixos rendimentos]. *Journal of Information Policy,* (3): 247-266.

Bail, C. A. (2012). The fringe effect: Civil society organizations and the evolution of media discourse about Islam since the september 11th attacks. *American Sociological Review,* 77 (6), 855879.

Baird, R. (2000). The Startle Effect: Implications for Spectator Cognition and Media Theory. *Film Quarterly,* 53 (3), 12-24.

Baker, R. D. (2005). Revista Miracle nos anos sessenta: Narrativas de curas e bênçãos nos meios de comunicação de massa. *The Journal of American Folklore,* 118 (468), 204-218.

Baker, G. (2008). Barroco latino-americano: Performance as a Post-Colonial Act? *Early Music,* 36 (3): 441-448.

Barabas J., Jerit J. (2009). Estimating the Causal Effects of Media Coverage on Policyspecific Knowledge" [Estimar os efeitos causais da cobertura dos meios de comunicação social no conhecimento específico da política]. *American Journal of Political Science,* 53 (1), 73-89.

Barnett, L. A. e Allen, M. P. (2000). "Social Class, Cultural Repertoires, and Popular Culture: The Case of Film". *Sociological Forum.* 15 (1): 145-163.

Barry, B. e Fulmer, I. S. (2004). The Medium and the Message: The Adaptive Use of Communication Media in Dyadic Influence. *The Academy of Management Review,* 29 (2), 272-292.

Bello, W. (2009). Reformar o capitalismo global: The Illusion of Change. *Novo Fórum do Trabalho,* 18 (3), 91-94.

Benner, M. J. e Tushman, M. (2002). Gestão de processos e inovação tecnológica: A lonqitudinal study of the photography and paint industries. *Administrative Science Quarterly,* 47 (4): 676-706.

Bennett, G. (1986). Narrativa como discurso expositivo. *The Journal of American Folklore,* 99 (394): 415-434.

Bertrand, C. J. (1978). Os media e o sonho: The Progressive Rides Again. *Revue Française D'etudes Americaines.* 6: 195-310.

Best, R. (2010). Situation or Social Problem: The Influence of Events on Media Coverage of Homelessness (Situação ou problema social: a influência dos acontecimentos na cobertura mediática dos sem-abrigo). *Social Problems,* 57 (1): 74-91.

Betts, John Rickards (1953). A Revolução Tecnológica e a Ascensão do Desporto, 18501900. *The Mississippi Valley Historical Review,* 40 (2): 231-256.

Bickford, S. (1999). Reconfiguring Pluralism: Identity and Institutions in the Ineglitarian Polity. *American Journal of Political Science,* 43 (1): 86-108.

Boylorn, R. M. (2014). Daqui até lá: Como usar a auto/etnografia para ultrapassar a diferença. *Revista Internacional de Investigação Qualitativa,* 7 (3), 312-326.

Brecher, W. P. (2016). Uma miscelânea de excentricidades: Espiritualidade e obsessão em Hyakka kikõden. *Etnologia Asiática,* 75 (2): 303-326.

Brownlee, J. (2009). Portents of Pluralism: How Hybrid Regimes Affect Democratic Transitions" [Portentos do Pluralismo: Como os Regimes Híbridos Afectam as Transições Democráticas]. *American Journal of Political Science,* 53 (3): 515-532.

Buckalew, J. K. - Wulfemeyer, K. T. (2000). *Mass Media in The New Millenium.* Dubuque: Kendall/Hunt Publishing Company.

Bugs, R. C. e Crusafon, C. (2014). A Construção de uma Perspetiva Mediterrânica na Política dos Media: Valores comuns para a regulação de conteúdos nos países do MENA e da UE. *Journal of Information Policy,* (4): 377-395.

Build Peace Art (2016). http://howtobuildpeace.org/art/. 26.01.2016.

Bulck, H. V. e Donders, K. (2014). Armadilhas e obstáculos da formulação de políticas para os media numa era de convergência digital: The flemish signal integrity case. *Journal of Information Policy*, (4), 444-462.

Burns, S. (2012). "Melhor para assombrações": Casas vitorianas e a imaginação moderna. *American Art*, 26 (3), 2-25.

Byers, M. (2002). Cenas da fronteira do mundo material: Imagens televisivas da sexualidade e da juventude. *Studies in Popular Culture*, 25 (1), 59-78.

Byrne, D. M. e Fernald, J. G. e Reinsdorf, M. B. (2016). Does the United States Have a Productivity Slowdown or a Measurement Problem? *Brookings Papers on Economic Activity*, 109157.

Byrne, M. M., Charns, M. P., Parker, V. A., Meterko, P. M., Wray, N. P. (2004). The Effects of Organization on Medical Utilization: An Analysis of Service Line Organization. *Medical Care*, 42 (1), 28-37.

Caldwell, J. T. (2005). Welcome to the viral future of cinema (television). *Cinema Journal*, 45 (1): 90-97.

Calvo, E. e Sagarzazu, I. (2011). Sucesso do Legislador no Comité: Gatekeeping Authority and the Loss of Majority Control. *American Journal of Political Science*, 55 (1): 1-15.

Camp, C. L. (1935). História do Oeste: Uma lista de verificação de itens recentes relacionados com a Califórnia e o Oeste. *California Historical Society Quarterly*, 14 (1), 82-85.

Canessa, E. (2003). O efeito dos meios de comunicação organizacional na cultura e no desempenho da organização: Um modelo de simulação baseado em agentes. *Computational & Mathematical Organization Theory*, 9(2), 147-176.

Capino, J. B. (2005). Homologias do espaço: texto e espetador em cinemas exclusivamente masculinos para adultos. *Cinema Journal*, 45 (1): 50-65.

Camp C. L. (1935). História do Oeste: Uma lista de verificação de itens recentes relacionados com a Califórnia e o Oeste. California Historical Society Quarterly, 14 (1), 82-85.

Carpenter, D. P. (2002). Groups, the Media, Agency Waiting Costs, and FDA Drug Approval. American Journal of Political Science, 46 (3), 490-505.

Cavallo, F., Zambon, A., Borraccino, A., Raven-Sieberer, U., Tornsheim, T., Lemma, P., HBSC Positive Health Group (2006). Girls Growing through Adolescence Have a Higher Risk of Poor Health (As raparigas que crescem na adolescência têm um maior risco de saúde precária). *Quality of Life Research*, 15 (10), 1577-1585.

Cem, I. (2007). *History of Backwardness in Turkey (História do atraso na Turquia)*. Istambul: Can.

Cereci, S. (2002). *Comunicar significa ser humano*. Istambul: Metropol.

Cereci, S. (2005). *Notícias e técnicas de entrevista*. Ankara: Şubat.

Cereci, Sedat (2009). "Inquérito ao Espectador de Televisão 2009". *Universidade e Sociedade*, 9 (1).

Cereci, Sedat (2010). "Inquérito ao Espectador de Televisão 2010". *Ciência e Utopia*, 194 (16): 57-59.

Cereci, S. (2010). Kent Planlamasi Baglaminda Kentsel Alanlarda ilctisim Ortamlarininin Olusturulmasi Sorunu. Visão Académica, 22, 1-9.

Cereci, Sedat (2012). *Media Productions and Production Technics*. Ankara: Nobel.

Cereci, S. (2013). *Film Production*. Ankara: Nobel.

Cereci, S. (2013). A televisão como o meio de comunicação mais atrativo da cultura popular: Cultural Change in Turkey". *Revista Europeia de Ciências Sociais*, 37 (2): 217-225.

Cereci, S. (2014). Os instrumentos de entretenimento contemporâneo mais populares: Media". *American Journals of Social Sciences, Arts and Literature,* 1 (1): 01-11.

Cereci, S. (2015). Produções televisivas baseadas em computador: Imagens e efeitos. *International Journal of Engineering Sciences & Management Research,* 2 (2): 34-42.

Cereci, S. ve Ozdemir, H. (2015). Desenvolvimento social dos media: Sociedades dos Media. *The Journal of Academic Social Science Studies,* 33, 1-10.

Cereci, S. (2015). Instrumentos modernos de entretenimento: Função dos media contemporâneos. *Revista de Ciências Sociais e Básicas,* 3 (4), 225-230.

Cereci, S. (2016). Era visual e tecnologias visuais: Educação em Comunicação Visual e as necessidades contemporâneas. *Revista de estudos académicos de ciências sociais.* 42, 27-36.

^'cQcncr, B. (1995). *Problemas Culturais e Construtivos de Istambul.* Istambul: Mimarlar Odasi Istanbul Buyukkent §ubesi.

Chastain, T. (1996). Regular a tradição ou controlar a escrita. *Traditional Dwellings and Settlements Review,* 8 (1), 60-61.

Chattopadhyay, G. P. e Malhotra, A. (1991). Hierarchy and Modern Organisation: A Paradox Leading to Human Wastage. *The Indian Journal of Social Work,* 4, Special Issue on Management, 561-584.

Chen L. (2004). Avaliação em textos dos media: A Cross-Cultural Linguistic Investigation. *Language in Society,* 33 (5), 673-702.

Chen, T. (2017). Contexto, Coordenada, Circulação: The Postrepresentational Cartographies of Global Asias Verge: Studies in Global Asias, 3 (1), vi-xiv.

Chernilo, D. (2002). A Teorização das Coordenações Sociais em Sociedades Diferenciadas: The Theory of Generalized Symbolic Media in Parsons, Luhmann and Habermas. *The British Journal of Sociology,* 53 (3), 431-449.

Chin, D. e Qualls, L. (2002). Here comes the sun: Media e a imagem em movimento no novo milénio. *A Journal of Performance and Art,* 24 (2): 42-44.

Chong, D. e Druckman, J. N. (2010). Dynamic Public Opinion: Communication Effects over Time [Efeitos da comunicação ao longo do tempo]. *The American Political Science Review,* 104 (4): 663-680.

Chrisman, R. (2013). A globalização e a indústria dos media. *The Black Scholar,* 43 (3), 7477.

Claffy, K. C. e Clark, D. D. (2016). Adding Enhanced Services to the Internet: Lessons from History. *Journal of Information Policy,* (6), 206-251.

Clark, T. S. e Carruba, C. J. (2012). A Theory of Opinion Writing in a Political Hierarchy [Uma Teoria da Escrita de Opinião numa Hierarquia Política]. *The Journal of Politics,* 74 (2), 584-603.

Clarke, J. e Cornelissen, J. (2011). Language, Communication, and Socially Situated Cognition in Entrepreneurship [Linguagem, Comunicação e Cognição Socialmente Situada no Empreendedorismo]. *The Academy of Management Review,* 36 (4), 776-778.

Clegg, S. e Kornberger, M. e Pitsis, T. (2011). *Managing and Organizations.* Los Angeles: Sage.

Cokgezen, J. Y. (2010). *Economy in Turkey from 1980 to Recent.* Istambul: Beta.

Coleman, S. (2016). O que são os meios de comunicação social? http://study.com/academy/lesson/what-is-mass-   media-definition-types-influence-examples.html. 24.05.2016.

Programa de Design de Tecnologias de Comunicação, Media e Aprendizagem.

http://www.tc.columbia.edu/mathematics-science-and-technology/communication-media-and
learning-technologies-design/. 04.02.2016.

Conn, P. H. (1973). ".Social Pluralism and Democracy", *American Journal of Political Science,* 17 (2): 237-254.

Cooper, C. A. (2002). Media Tactics in the State Legislature. *State Politics & Policy Quarterly,* 2 (4), 353-371.

Corbett, K. J. (2001). The big picture: Theatrical moviegoing, digital television, and beyond the substitution effect. *Cinema Journal,* 40 (2): 17-34.

Craster, R. V. e Kaplunov, J. e Pichugin, A. V. (2010). Homogeneização de alta frequência para meios periódicos. *Ciências Matemáticas, Físicas e de Engenharia,* 466 (2120), 2341-2362.

Crowder, G. (2007). Two Concepts of Liberal Pluralism (Dois Conceitos de Pluralismo Liberal). *Political Theory,* 35 (2): 121-146.

Cutlip, Scott M. (1958). "Comunicação de massa: Problema e Paradoxo do Nosso Tempo". *The Wisconsin Magazine of History,* 41 (4): 239-243.

^'cQcncr, B. (1995). Problemas Culturais e Construtivos de Istambul. Istambul: Mimarlar Odasi Istanbul Buyukkent §ubesi.

Dake, D. (2005). *Visualização criativa. Handbook of Visual Communication.* Editado por Ken Smith. Londres, Lawrence Erlbaum Associates Publisher. 23-44.

Dave, S. (2010). Densidades urbanas elevadas nos países em desenvolvimento: Uma solução sustentável? *Built Environment* (1978-), 36 (1), 9-27.

Deaney, R. e Ruthven, K. e Hennessy, S. (2006). Teachers' Developing 'Practical Theories' of the Contribution of Information and Communication Technologies to Subject Teaching and Learning: Uma análise de casos de escolas secundárias inglesas. *British Educational Research Journal,* 32 (3): 459-480.

Deuze, M. e Steward, B. (2014). Gerir o trabalho dos media. Los Angeles: Sage.

DeCanio, S. J. e Dibble, C. e Amir-Atefi, K. (2000). The Importance of Organizational Structure for the Adoption of Innovations (A importância da estrutura organizacional para a adoção de inovações). *Management Science,* 46 (10), 1285-1299.

Delahunta, S. (2002). Realidade virtual e performance. *A Journal of Performance and Art,* 24 (1): 105-114.

Demers, L. B. e Hanson, K. G. e Kirkorian, H. L. Pempek, T. A. Anderson, D. R. (2013). Seguimento do olhar do bebé durante a visualização de vídeos de bebés entre pais e bebés. *Child Development,* 84 (2), 591-603.

Dempsey, C. (2005). Resposta: "Historia" e Anacronismo na Arte Renascentista. *O Boletim de Arte,* 87 (3): 416-421.

Denny, K. (2011). O género no contexto, no conteúdo e na abordagem: Comparing gender messages in girl scout and boy scout handbooks. *Género e Sociedade,* 25, (1), 27-47.

Dessein, W. e Santos, T. (2006). Adaptive Organizations. Journal of Political Economy, 114 (5), 956-995.

Dilliplane, S. e Goldman, S. K. e Mutz, D. C. (2013). Exposição televisionada à política: New Measures for a Fragmented Media Environment [Novas medidas para um ambiente mediático fragmentado]. *American Journal of Political Science,* 57 (1), 236-248.

Dillon, P. (2004). Trajetórias e tensões na teoria das tecnologias da informação e da comunicação na educação. *British Journal of Educational Studies,* 52 (2): 138-150.

Djankov, S. e McLiesh, C. e Nenova, T. e Shleifer, A. (2003). Who owns the media? *Journal of Law and Economics,* 46 (2), 341-382.

DeRue, D. S. e Ashford, S. J. (2010). Quem vai liderar e quem vai seguir? A Social Process of Leadership Identity Construction in Organizations [Um Processo Social de Construção da Identidade de Liderança nas Organizações]. *The Academy of Management Review,* 35 (4), 627-647.

Doane, R. (2006). Digital desire in the daydream machine (O desejo digital na máquina de sonhar acordado). *Sociological Theory,* 24 (2): 150-169.

Donaghy, M. L. (2000). Simulating Television Programs as a Tool to Teach Social Theory (Simulação de programas de televisão como ferramenta para ensinar teoria social). *Teaching Sociology,* 28 (1), 67-70.

Domke, D. e Shah, D. V. e Wackman, D. B. (2000). Rights and Morals, Issues, and Candidate Integrity: Insights into the Role of News Media. Political Psychology, 21 (4): 641-665.

Dorman, B. e Korom, F. J. (2016). Nota dos editores. *Asian Ethnology,* 75 (2): 277-278.

Dunbar-Hester, C. (2014). "Sendo uma dor consistente na bunda": Politics and Epistemics in Media Democracy Work. Journal of Information Policy, (4), 547-569.

Duran-Encalada, J. e Paucar-Caceres, A. (2012). Um modelo de negócio sustentável de dinâmica de sistemas para a Petroleos Mexicanos (Pemex): caso baseado na Global Reporting Initiative. *The Journal of the Operational Research Society,* 63 (8), 1065-1078.

Durham, M. (2006). Um Plano Diretor Global? The American Far Right and the Protocols of the Learned Elders of Zion. *Nationalist Myths and Modern Media.* Ed. Jan Herman Brinks, Stella Rock e Edward Timms. Nova Iorque: Tauris Academic Studies.

Eberwein, T. e Porlezza, C. (2014). The Missing Link: Online Media Accountability Practices and Their Implications forEuropean Media Policy. *Journal of Information Policy,* 4, 421443.

Edwards, B. e McCarthy, J. D. (2004). Strategy Matters: The Contingent Value of Social Capital in the Survival of Local Social Movement Organizations [O valor contingente do capital social na sobrevivência das organizações locais de movimentos sociais]. *Social Forces,* 83 (2), 621-651.

Eisenstein, E. L. (1970). O advento da impressão na literatura histórica atual: Notes and Comments on an Elusive Transformation. *The American Historical Review.* 75 (3): 727-743.

Eliasoph, N. e Lichterman, P. (2003). Culture in interaction. *American Journal of Sociology,* 108 (4), 735-794.

Emerson, K. (2012). Stephen Foster e a cultura popular americana. *American Music,* 30 (3), 397-404.

Engelberg, J. E. e Parsons, C. A. (2011). Impacto causal dos media nos mercados financeiros. *The Journal of Finance,* 66 (1), 67-97.

English, P. B., Sinclair, A. H., Ross, Z., Anderson, H., Boothe, V., Davis, C., Ebi, K., Kagey, B., Malecki, K., Shultz, R., Simms, E. (2009). Indicadores de saúde ambiental das alterações climáticas nos Estados Unidos: Findings from the State Environmental Health Indicator Collaborative. *Environmental Health Perspectives,* 117 (11), 1673-1681.

Epstein, D. L. e Bates, R. e Goldstone, J. e Kristensen, I. e O'Halloran S. (2006). Democratic Transitions. *American Journal of Political Sciences,* 50 (3): 551-569.

Ernst, J. (1964). "O artista e o maravilhoso mundo do provincialismo internacional". *Arquivos do Jornal de Arte Americana.* 4 (2): 10-14.

Eschen, M. Von (2006). "Globalização da cultura popular no 'século americano' e mais além". *Revista de História da OAH.* 20 (4): 56-63.

Esteves-Sorenson, C. e Perretti, F. (2012). Micro-custos: A inércia no visionamento de televisão. *The Economic Journal,* 122 (563), 867-902.

Eliasoph, N. e Lichterman, P. (2003). Culture in interaction. *American Journal of Sociology*, 108 (4), 735-794.

Everett, A. (2004). Clique aqui: Dos sonhos analógicos às realidades digitais. *Cinema Journal*, 43 (3): 93-98.

Facon, I. (2013). A estratégia externa e de segurança global de Moscovo: Does the Shanghai Cooperation Organization Meet Russian Interests? *Asian Survey*, 53 (3): 461-483.

Faflik, D. (2009). Mito, Símbolo e Metodologia dos Estudos Americanos: The Post-National Persistence of the Humanities. *Amerikastudien /American Studies*, 54 (2): 229-247.

Fallon, R. (2009). Birds, Beasts, and Bombs in Messiaen's Cold War Mass [Pássaros, animais e bombas na missa da Guerra Fria de Messiaen]. *The Journal of Musicology*, 26 (2): 175-204.

Farmer, S. (2010). Going Visual: Holocaust Representation and Historical Method. *The American Historical Review*, 115 (1), 115-122.

Fassett, L. e Nainby, K. (2016). Fórum: Diversidade e estudos académicos sobre comunicação instrucional. *Communication Education*, 65 (1): 120-122.

Fenichel, E. P. e Abbott, J. K. (2014). Natural Capital: From Metaphor to Measurement. *Journal of the Association of Environmental and Resource Economists*, 1 (/), 1-27.

Ferraro, T. J. (2000). "My Way" em "Our America": Art, Ethnicity, Profession. *American Literary History*, 12 (3): 499-522.

Flew, T. (2014). Académicos no processo político: Engagement with Australian Media Policy Inquiries 2011-2013. *Journal of Information Policy*, (4): 105-127.

Flowers, J. F. e Haynes, A. A. e Crespin, M. H. (2003). The Media, The Campaign, and the Message. *American Journal of Political Science*. 47 (2): 259-273.

Friendland, L., Shah D. V., Lee N. J., Rademacher, A., Atkinson L., Hove, T. (2007). Capital, Consumo e Cidadania: The Social Positioning of Taste and Civic Culture in the United States. *Annals of the American Academy of Political and Social Science*, 11, 31-50.

Fortunato, M. W. P. e Bridger, J. C. e Alter, T. R. e Emmmerling, G. M. e Ortbal, K. J. e Schwartz, M. e Sterner, G. E. e Shuffstall, W. (2013). Promovendo a organização local justa para a entrega de banda larga: Sugestões para acções a nível comunitário em comunidades persistentemente mal servidas. *Journal of Information Policy*, (3): 158-180.

Foster, E. M. e Watkins, S. (2010). O valor da reanálise: TV viewing and attention problems. *Child Development*, 81 (1), 368-375.

Fraser, M. (2013). Hands off the machine: As mãos dos trabalhadores e o simbolismo revolucionário na cultura visual da América dos anos 1930. *American Art*, 27 (2), 94-117.

Frenske, Michaela e Rendix, John (2007). "Micro, Macro, Agência: Historical Ethnography as Cultural Anthropolgy Practice". *Journal of Folklore Research*. 44 (1): 67-99.

Friendland, Lewis e Shah, Dhavan V. e Lee, Nam-Jin e Rademacher, Mark A. e Atkinson, Lucy e Hove, Thomas (2007). "Capital, Consumption, and Citizienship: The Social Positioning of Taste and Civic Culture in the United States" [O posicionamento social do gosto e da cultura cívica nos Estados Unidos]. Annals of the American Academy of Politicsl and Social Science (Anais da Academia Americana de Política e Ciências Sociais). 11: 31-50.

Ganguly, S. (2015). *Sistemas e Estratégia de Meios de Comunicação*. Fullebooks.

Garling, T. e Kirchler, E. e Lewis, A. e Raaij, F. (2009). Psicologia, tomada de decisões financeiras e crises financeiras. *Psychological Science in the Public Interest*, 10 (1), 1-47.

Gibson, C. T. (2012). A receção da potência de Carlos Chávez: Uma falha de comunicação pan-americana. *American Music*, 30 (2), 157-193.

Girardi, R. I. (2012). Página do Editor: Introdução. *Journal of the Illinois State Historical Society (1998-)*, 105 (2-3), 125-129.

Geuens, J. (2002). The digital world picture. *Film Quarterly*, 55 (4): 16-27.

Greed, C. (1996). *"Política: O que é que queremos?" Implementing Town Planning*. Ed: Clara Greed. Londres: Longman. 241-254.

Griffin, D. (2016). http://smallbusiness.chron.com/modern-organization-structure-2758.html. 23.05.2016.

Guresci, E. (2010). The phenomenon of the urban - rural migration in Turkey (O fenómeno da migração urbano-rural na Turquia). Revista da Universidade Dogus, 11 (1), 77-86.

Godzic, W. (2002). Algumas tendências na cultura audiovisual polaca depois de 1989. *The Polish Review*, 47 (4), 363-374.

Greed, C. (1996). *Política: O que é que nós queremos? Implementação do Planeamento Urbano*. Ed: Clara Greed. Londres: Longman. 241-254.

Griswold, Wendy e Mcdonnell, Terry e Wright, Nathan (2005). Reading and the Reading Class in the Twenty-First Century. *Annual Review of Sociology*. 31: 133-141.

Guillen, Mauro F. e Suarez, Sandra L. (2005). "Explaning the Global Digital Divide: Economic, Political and Sociaological Drivers of Cross-National Internet Use".*Social Forces*, 84 (2): 681-708.

Haenni, S. (1998). Métodos de encenação, técnica cinematográfica e política espacial. *Cinema Journal*, 37 (3): 83-108.

Haines, K. M. (2012). A música de Stephen Foster em filmes e televisão. *American Music*, 30 (3), 373-388.

Hanhardt, J. g. (2008). Do ecrã à galeria: Cinema, vídeo e práticas artísticas de instalação. *Arte Americana*, 22 (2), 2-8

Harkins, A. A. (2002). The Hillbilly in the living room: Representações televisivas dos montanheses do sul em comédias de situação. *Appalachian Journal*, 29 (1/2), A Festschrift Featuring Works Presented at a Symposium in Honor of J. W. Williamson, Editor do *Appalachian Journal*, 98-126.

Harris, M. e Raviv, A. (2002). Organization Design. *Management Science*, 48 (7), 852865.

Hartley, L. A. (2002). Health Perceptions and Health Status Measurement Among Rural Appalachian Elders (Percepções de Saúde e Medição do Estado de Saúde entre Idosos dos Apalaches Rurais). *Journal of Appalachian Studies*, 8 (2), 284-298.

Hasebrink, U. (2011). Giving the Audience a Voice: The Role of Research in Making Media Regulation More Responsive to the Needs of the Audience [Dar voz ao público: o papel da investigação para tornar a regulamentação dos meios de comunicação social mais sensível às necessidades do público]. *Journal of Information Policy*, (1), 321336.

Haselstein, U. e Ostendorf, B. e Schneck, P. (2001). Cultura popular: Introduction. *Amerikastudien/American Studies*, 46 (3), 331-338.

Hauk, E. e Immordino, G. (2014). Pais, televisão e mudança cultural. *The Economic Journal*, 124 (579), 1040-1065.

Hayes, K. J. (2002). O "Comentário Q.i Va" de Godard (1976): Da teoria da informação à genética. *Cinema Journal*, 41 (2): 67-83.

Hecht, Richard D. (2007). "Pluralismo ativo versus pluralismo passivo: A Changing Style of Civil Religion?". *Annals of the American Academy of Political and Social Science*, 612: 133-151.

Heimann, Eduard (1945). Industrial Societyand Democracy. *Social Research*, 12 (1): 43-59.

Hilmes, M. (2005). O mau objeto: Television in the American Academy. Cinema Journal, 45

(1): 111-117.

Hollenbeck, J. R. e Mannor, M. J. (2008). Life in the Organizational Sciences: Achieving Consensus on What Is Reasonable, What Is Possible, and What Is Absolutely Required [Alcançando consenso sobre o que é razoável, o que é possível e o que é absolutamente necessário]. *Journal of Organizational Behavior,* 29 (6), 725-729.

Holmes, J. D. (1961). O Moniteur de la Louisiana em 17981. *História da Louisiana: O Jornal da Associação Histórica da Louisiana.* 2 (2): 230-253.

http://www.ablongman.com/stovall1e/chap06/tvorgchart.html. 23.05.2016.

http://www.americanpublicmedia.org/about/org-structure/. 18.05.2016.

http://anthro.palomar.edu/status/stat_2.htm. 23.05.2016.

http://www.askmeoneducation.com/pros-and-cons-bachelors-mass-media.

http://www.cjr.org/business de notícias/lições de gestão de start-ups.php. 24.05.2016.

http://www.cliffsnotes.com/study-guides/sociology/contemporary-mass-media/the-role-and-influence-of-mass-media. 24.05.2016.

http://www.gallup.com/poll/8269/which-teens-biggest-zombies.aspx. 24.05.2016.

http://www.hierarchystructure.com/hierarchy-of-media-company/. 18.05.2016.

http://www.lib.vt.edu/help/research/info-sources.html. 23.05.2016.

http://managementhelp.org/blogs/leadership/2012/02/10/leadership-pvramid/. 24.05.2016.

http://www.merriam-webster.com/dictionary/information. 23.05.2016.

https://www.readv.gov/business/implementation/crisis. 23.05.2016.

http://www.skillsvouneed.com/general/what-is-communication.html. 23.05.2016.

http://www.slideshare.net/nemnem0694/social-groups-and-social-organization-bshrm4a-sti-balagtas. 23.05.2016.

http://www.artsforpeace.ie/. 25.01.2016.

http://bianet.org/biamag/siyaset/122491-bir-baris-sembolu-nazim-hikmet, 25.01.2016.

http://theatreofthebeat.ca/. 25.01.2016.

https://www.chicagoideas.com/events/821. 25.01.2016.

http://www.peaceofart.org/. 25.01.2016.

Huang, X. e lun, J. e Liu, A. e Gong, Y. (2010). Does participative leadership enhance work performance by inducing empowerment or trust? The differential effects on managerial and non-managerial subordinates. *Journal of Organizational Behavior,* 31 (1), 122-143.

Huang, X. e Rode, J. C. e Schroeder, R. G. (2011). Estrutura organizacional e melhoria e aprendizagem contínuas: Moderating effects of cultural endorsement of participative leadership. *Journal of International Business Studies,* 42 (9), 1103-1120.

Huber, G. A. e Arceneaux, K. (2007). Identifying, the Persuasive Effects of Presidential Advertising [Identificação dos efeitos persuasivos da publicidade presidencial]. *American Journal of Political Science.* 51 (4): 957-977.

Hughes, J. (1981). O tambor de lata": O "sonho de infância" de Volker Schlondorff. *Film Quarterly,* 34 (3): 2-10.

Inglehart, R. e Baker, W. E. (2000). Cultural Change, and the Persistence of Traditional Values. *American Sociological Review,* (65), 1, Looking Forward, Looking Back: Continuity and Change at the Turn of the Millenium, 19-51.

Jackman, M. R. (2002). Violência na vida social. *Annual Review of Sociology.* 28, 387-415.

Jacobs, R. N. (2009). Artigo científico: Cultura, Esfera Pública e Sociologia dos Media: A Search for a Classical Founder in the Work of Robert Park. *The American Sociologist,* 40 (3), 149-166.

Jaques, E. (1990). In Praise of Hierarchy. Estrutura Organizacional. https://hbr.org/1990/01/in-praise-of-hierarchy. 29.05.2017.

Javed, M. M. (2003). Regulation, Competition, and Information. *The Pakistan Development Review,* 41 (4), 911-913.

Jenkins, H. (2012). Superpowered Funs: As muitas palavras da Comic-Con de San Siego. *Boom: Um Jornal da Califórnia.* 2 (2): 22-36.

Johnson, Z. D. e LaBelle, S. (2015). Confirmação de aluno para aluno na sala de aula da faculdade: An Initial Investigation of the Dimensions and Outcomes of Students' Confirming Messages [Uma investigação inicial das dimensões e resultados das mensagens de confirmação dos alunos]. *Communication Education,* 65: 44-63.

Joshi, M. e Mason, T. D. (2007). Land Tenure, Democracy, and Insurgency in Nepal: Peasant Support for Insurgency versus Democracy". *Asian Survey,* 47 (3): 393-414.

Jonsson, S., Greve, H. R. e Fujiwara-Greve, T. (2009). Perda não merecida: The spread of legitimacy loss to innocent organizations in response to reported corporate deviance. *Administrative Science Quarterly,* 54 (2), 195-228.

Joskovicz, A. (2016). Sofrimento separado, arquivos partilhados: Histórias Judaicas e Romani da Perseguição Nazi. *História e Memória,* 28 (1), 110-140.

Juster, F. T. e Ono, H. e Stafford, F. P. (2003). An assessment of alternative measures of time use". *Sociological Methodology.* 33, 19-54.

Kamau, C. e Berry, D. (2013). *Políticas públicas e organizações de mídia.* Burlington: Ashgate Publishing Company.

Kansanen, P. (2002). A Didática e a sua relação com a Psicologia da Educação: Problemas na tradução de um conceito-chave entre comunidades de investigação. *International Review of Education / Internationale Zeitschrift far Erziehungswissenschaft / Revue Internationale de l'Education,* 48 (6): 427-441.

Karppinen, K. e Moe, H. (2014). What we talk about when we talk about "The market": Contestação concetual na investigação contemporânea sobre política dos media. *Journal of Information Policy,* (4): 327-341.

Kem, R. (2006). Perspectivas da tecnologia na aprendizagem e no ensino de línguas. *TESOL Quarterly,* 40 (1): 183-210.

Kentley, T. G., Effros, R. M., Palar, K., Keeler, E. B. (2008). Waste in the U. S. Health Care System: A Conceprual Framework. *The Milbank Quarterly,* 86 (4): 629-659.

Kiefer, H. M. (2016). Hábitos de lazer dos adolescentes: TV no Topo. http://www.gallup.com/poll/13783/teens-leisure-habits-top.aspx. 23.05.2016.

Kim, S. e Robinson, M. e Long, P. (2006). Understanding Popular Media Production and Potential Tourist Consumption: A Methodological Agenda. Leeds: Conferência Internacional de Turismo e Media !IT AM) Conference, 79-92.

Kodish, D. (2013). Cultivando Artes Folclóricas e Mudança Social. *The Journal of American Folklore,* 126 (502), 434-454.

Koven, M. J. (2003). Folklore Studies and Popular Film and Television: A Necessary Critical Survey. *The Journal of American Folklore,* 116 (460), 176-195.

King, D. L. (2000). Utilização de vídeos para ensinar os meios de comunicação social e a sociedade numa perspetiva crítica. *Teaching Sociology,* 28 (3), 232-240.

Kirkland, K. S. (2001). A Wholesome Life: Ima Hogg's Vision for Mental Health Care (Uma Vida Saudável: A Visão de Ima Hogg para os Cuidados de Saúde Mental). *The Southwestern Historical Quarterly,* 104 (3), 416-447.

Kirkorian, H. L. e Pempek, T. A. e Murghy, L. A. e Schmidt, M. E. e Anderson, D. R. (2009). The impact of background television on parent: child interaction (O impacto da televisão de fundo na interação entre pais e filhos). *Child Development*, 80 (5), 1350-1359.

Kocak, Y. e Terzi, E. (2012). Fator de imigração na Turquia: Influences of migrants' to cities and solution suggestions. Universidade *de* Kafkas, *Jornal de Economia e Ciências Administrativas*. 3 (3), 163-184.

Kodish, D. (2013). Cultivando Artes Folclóricas e Mudança Social. *The Journal of American Folklore,* 126 (502), 434-454.

Kusserow, K. (2010). Technology and ideology in Daniel Huntington's Atlantic cable projectors. *Arte Americana,* 24 (1), 94-113.

Kuznekoff, J. H. e Munz, S. e Titsworth, S. (2015). Telefones móveis na sala de aula: Examining the Effects of Texting, Twitter, and Message Content on Student Learning (Examinando os efeitos de mensagens de texto, Twitter e conteúdo de mensagens na aprendizagem do aluno). *Educação para a Comunicação,* 64 (3): 344-365.

Kung, L.(2006). *Leadership in the Media Industry.* Jonkoping: Universidade de Jonkoping.

Kwilecki, S. (2009). Fantasmas americanos do século XXI: The After-Death Communication-Therapy and Revelation from beyond the Grave [Fantasmas Americanos do Século XXI: Comunicação e Revelação após a Morte - Terapia e Revelação do Além-Túmulo]. *Religião e Cultura Americana: Um Jornal de Interpretação,* 19 (1): 101-133.

Ladd, J. M., Lenz, G. S. (2009). Exploiting a Rare Communication Shift to Document the Persuasive Power of the News Media" [Explorando uma rara mudança de comunicação para documentar o poder persuasivo dos meios de comunicação social]. *American Journal of Political Science,* 53 (2), 394-410.

Lai, G. C. e Limpaphayom, P. (2003). Organizational Structure and Performance: Evidence from the Nonlife Insurance Industry in Japan. *The Journal of Risk and Insurance,* 70 (4), 735-757.

Lavine, J. M. (2016). *Gestão de organizações de media: Effective Leadership of Media Companies*. Nova Iorque: Longman.

Lawson-Borders, G. (2006). Media Organizations and Convergence. Nova Jersey: Lawrence Erlbaum Associates Inc. Publishers.

Lebo, M. J. ve Weber, C. (2015). Uma abordagem eficaz para o design transversal repetido. *American Journal of Political Science,* 59 (1), 242-258.

Ledbetter, A. M. e Finn, A. N. (2015). Por que os alunos usam a tecnologia móvel para fins sociais durante a aula? Modelando a credibilidade do professor, o empoderamento do aluno e a atitude de comunicação on-line como preditores. *Educação para a Comunicação,* 65 (1): 1-23.

Leeuwin, E. W. (2000). 'As Artes da Paz': Thomas H. Mawson's Gardens at the Peace Palace, the Hague. *Garden History,* 28 (2): 262-276.

Lentz, B. (2014). Construindo o pipeline de defensores da política de mídia e tecnologia: The Role of "Situated Learning" (O papel da "aprendizagem situada"). *Journal of Information Policy,* (4): 176-204.

Lester, P. M. (2013). *Comunicação Visual: Imagens com mensagens.* Califórnia: Wadsworth Publishing

Lesy, L. (2007). Literacia visual. The Journal of American History, 94 (1), 143-153.

Levendusky, M. S. (2013). Why Do Partisan Media Polarize Viewers? *American Journal of Political Science,* 57 (3), 611-623.

Lieber, R. J., Weisberg, R. E. (2002). Globalization, Culture, and Identites Crisis (Globalização, Cultura e Crise de Identidades). *International Journal of Politics, Culture, and*

Society, 16 (2), 273-296.

Limburg, V. E. (2009). *Interships, Exit Interviews, and Advisory Boards. Assesing Communication Education,* Ed. William G. Christ, Nova Iorque: Lawrence Erlbaum. Pp: 56-71.

Lin, C. e Ha, L. (2009). Subcultures and Use of Communication Information Technology in Higher Education Institutions [Subculturas e utilização das tecnologias da informação e da comunicação nas instituições de ensino superior]. *The Journal of Higher Education,* 80 (5): 564-590.

Linke, G. (2007). Memória, Media e Mediação Cultural. *Amerikastudien / American Studies,* 52 (3), 343-360.

Linstead, S. e Fulop, L. e Lilley S. (2009). *Management and Organization.* New York: MacMillan.

Lopes, Paulo (2006). Cultura e Estigma: A Cultura Popular e o Caso da Banda Desenhada. *Fórum Sociológico,* 21 (3): 387-414.

Loevinger, L. (1973). The Editor's Page: A Free and Fair Press and Other Comments on the Media. *Minnesota History,* 43 (8), 308-310.

Lawson-Borders, G. (2006). *Media Organizations and Convergence.* Nova Jersey: Lawrence Erlbaum Associates Inc. Publishers.

Lenz, G. S. e Lawson, C. (2011). Looking the part: A televisão leva os cidadãos menos informados a votar com base na aparência dos candidatos. *American Journal of Political Science,* 55 (3), 574-589.

Levine, E. (2011). Ensinar a política da cultura televisiva numa era "pós-televisão". *Cinema Journal,* 50 (4), 177-182.

Loewen, P. J. e Koop, R. e Settle, J. e Fowler, J. H. (2014). Um experimento natural em poder de proposta e sucesso eleitoral. *American Journal of Political Science,* 58 (1), 189-196.

Lorentzen, P. (2014). Censura estratégica da China. *American Journal of Political Science,* 58 (2), 402-414.

Marinkovic, V. e Stanisavljevic, N. (2012). O capitalismo e a crise económica mundial. SEER: *Journal for Labour and Social Affairs in Eastern Europe,* 15 (4), 529-537.

Macdonald, S. e Brakhage, S. (2003). O cineasta como visionário: Excertos de uma entrevista com Stan Brakhage. *Film Quarterly,* 56 (3): 2-11.

Machado, R. P. (2008). O nada e a obra de arte: Uma Abordagem Comparativa à Fenomenologia Existencial e à Fundamentação Ontológica da Estética. *Filosofia Oriente e Ocidente,* 58 (2): 244-266.

MacMillan, R. & Copher, R. (2005). Families in the life course: Interdependency of roles, role configurations, and pathways". *Journal of Marriage and Family,* 67 (4) 858-879.

Mango, C. (1986). *Arquitetura Bizantina.* Milão: Electa Editrice.

Marcolina, R. (2011). Construir uma organização dos media que decide e cumpre. http://www.bain.com/publications/articles/building-a-media-organization-that-decides-and-delivers.aspx. 10.05.2011.

Marsh, R. M. (2008). Convergence in relation to level of societal development (Convergência em relação ao nível de desenvolvimento da sociedade). *The Sociological Quarterly,* 49 (4), 797-824.

Martin, F. e Goggin, G. (2016). Transformações digitais? Gendering the End User in Digital Government Policy. *Journal of Information Policy,* (6), 436-459.

Marty, M. E. (2007). Pluralisms. *Annals of the American Academy of Political and Social Science,* 612: 14-25.

Mattelart, A. - M. (2003). *História das teorias da comunicação.* £ev: Merih Zillioglu. Istambul: Ileti^im.

Matuozzi, R. N. (2002). Richard Byrd, Polar Exploration, and the Media. *The Virginia Magazine of History and Biography,* 110 (2), 209-236.

McBride, M. e Milante, G. e Skaperdas, S. (2011). Paz e guerra com capacidade endógena do Estado. *The Journal of Conflict Resolution,* (55), 3, Fighting and Voting: Violent Conflict and Electoral Politics: 446-468.

McFarland, B. H., Lynch F. L., Freedom, D. K., Green, C. A., Polen, M. R., Deck, D. D., Dickinson, D. M. (2006). Duração do tratamento de abuso de substâncias para Medicaid versus clientes comerciais em uma organização de manutenção da saúde. *Medical Care,* 44 (6), 601-606.

McGhie-Richmond, D. e Irvine, A. e Loreman, T. e Cizman, J. L. e Lupart, J. (2013). Perspectivas dos professores sobre a educação inclusiva na zona rural de Alberta, Canadá. *Canadian Journal of Education / Revue canadienne de l'education,* 36 (1): 195-239.

McMahon, R. e Gurstein, M. e Beaton, B. e O'Donnell, S. e Whiteduck, T. (2014). Making Information Technologies Work at the End of the Road. *Journal of Information Policy,* (4): 250-269.

McMahon, R. e Hudson, H. E. e Fabian, L. (2014). Advocacia Regulatória Indígena no Extremo Norte do Canadá: Mobilizando o Consórcio First MileConnectivity. *Journal of Information Policy,* 4, 228-249.

Merritt, R. (2005). Lost on pleasure islands: Storytelling in Disney's "Silly Symphonies". *Film Quarterly,* 59 (1): 4-17.

Miles, A. (2014). Abordando o problema da ancoragem cultural: Um modelo de cultura em ação baseado na identidade. *Social Psychology Quarterly,* 77 (2) Edição especial: Psicologia Social e Cultura: Advancing Connections, 210-227.

Mittell, J. (2001). Uma abordagem cultural à teoria dos géneros televisivos. *Cinema Journal,* 40 (3): 324.

Moore, M. J. (2009). Pluralism, Relativism and Liberalism (Pluralismo, Relativismo e Liberalismo). *Political Research Quarterly,* 62 (2): 244-256.

Morris, C. (2002). 'Alienado de seu próprio ser': Nietzsche, Bayreuth and the Problem of Identity. *Journal of the Royal Musical Association,* 127 (1): 44-71.

Morse, M. (2008). Do meio à metáfora. *Arte Americana,* 22 (2), 21-23.

Morrison, E. W. (2002). The Role of Social Network Ties during Socialization [O papel dos laços da rede social durante a socialização]. *The Academy of Management Journal,* 45 (6), 1149-1160.

Mutz, D. C., Martin, P. S. (2001). Facilitating Communication across Lines of Political Difference: The Role of Mass Media. *The American Political Science Review,* 95, (1), 97-114.

Myers, C. (2015). To Reveal or Conceal?: Introducing the Anonymous Public Concern Test for US Defamation Lawsuits [Revelar ou ocultar? *Journal of Information Policy,* (5), 71-108.

Nag, R. e Hambrick, D. C. e Chen, M. C. (2007). What Is Strategic Management, Really? Inductive Derivation of a Consensus Definition of the Field. *Strategic Management Journal,* 28 (9), 935-955.

Nadler, D. e Tushman, M. e Hatvany, N. G. (1982). Managing Organizations: Readings and Cases, Boston: Little, Brown and Company.

Napoli, P. M. e Friedland, L. (2016). US Communications Policy Research and the Integration of the Administrative and Critical Communication Research Traditions. *Journal of Information Policy,* (6), 41-65.

Newcomb, H. (2005). Estudar a televisão: As mesmas questões, contextos diferentes. *Cinema Journal*, 45 (1): 107-111.

Nissen, C. S. (2011). Cultura e estruturas organizacionais na gestão dos media públicos. Conferência da Academia Dinamarquesa de Gestão, Copenhaga: 21 de dezembro de 2011.

Oktay, A. (1993). *Popular Culture in Turkey*. Istambul: Yapi Kredi.

Ontiveros, R. (2010). No Golden Age: Television News and the Chicano Civil Rights Movement [Sem Idade de Ouro: Notícias da Televisão e o Movimento Chicano pelos Direitos Civis]. *American Quarterly,* 62 (4), 897-923.

Onur, Z. e Tanali, Z. (2004). *Notes on Architecture after Modern.* Ankara: TBMM Mimarlar Odasi Ankara Şubesi.

Osenga, K. (2013). A Internet não é uma super autoestrada: Using Metaphors to Communicate Information and Communications Policy [Usando Metáforas para Comunicar a Política de Informação e Comunicação]. *Journal of Information Policy*, (3), 30-54.

Otgun, C. (2014). Violência e limites da arte. *Revista de Arte e Design.* 1 (14): 90-103.

Pallas, J. e Jonsson, S. e Strannegard, L. (2014). *Organization and the Media.* NewYork: Routledge.

Park, J. H. (2010). Structural Change in U.S. Presidents' Use of Force [Mudança Estrutural no Uso da Força pelos Presidentes dos EUA]. *American Journal of Political Science*, 54 (3), 766-782.

Parrenas, R. S. e Hwang, M. C. e Lee, H. R. (2012). O que é o tráfico de seres humanos? Um ensaio de revisão. *Sinais,* 37 (4), Sexo: A Thematic Issue, 1015-1029.

Paulo, V. (2013). Novos media e liderança: Os media sociais e a comunicação organizacional aberta. *Mudança e Liderança,* 17, 73-78.

Pettitt, P. B. e White, M. J. (2011). Homens das cavernas: Stone Tools, Victorian Science, and the 'Primitive Mind' of Deep Time. *Notes and Records of the Royal Society of London,* 65 (1), 25-42.

Peyser, Thomas (2010). The Princess Casamassima and the Theatrical Cosmopolis. *Realismo Literário Americano,* 42 (2): 95-113.

Peyton, K. e Belasen, A. R. (2012). Corruption in Emerging and Developing Economies (Corrupção nas economias emergentes e em desenvolvimento): Evidence from a Pooled Cross-Section. *Emerging Market Finance & Trade,* 48 (2): 29-43.

Philips, L. D. (2011). O que é estratégia? The Journal of the Operational Research Society (Jornal da Sociedade de Investigação Operacional). *The Journal of the Operational Research Society,* 62 (5), 926-929.

Pickard, V. (2015). Ativismo de mídia de cima e de baixo: Lições do movimento de reforma americano da década de 1940. *Journal of Information Policy*, (5), 109-128.

Pierre, M. D. (2016). Liderança em organizações jornalísticas de sucesso. http://img.gu.se/english/research/research-proiects/Completed+proiects/leadership-in-successful-newspaper-organizations. 17.05.2016.

Price, M. E. (2009). Transições mediáticas no espelho retrovisor: Some Reflections. *Journal of Information Policy,* 22 (4): 485-496.

Prince, S. (2004). A Emergência de Artefactos Fílmicos: Cinema and Cinematography in the Digital Area. *Film Quarterly,* 57 (3): 24-33.

Prior, M. (2005). News vs. Entertainment: How Increasing Media Choice Widens Gaps in Political Knowledge and Turnout. *American Journal of Political Science,* 49 (3), 577-592.

Pontikes, E. G. (2012). Two Sides of the Same Coin: How Ambiguous Classification Affects

Multiple Audiences' Evaluations [Duas faces da mesma moeda: como a classificação ambígua afecta as avaliações de múltiplos públicos]. *Administrative Science Quarterly,* 57 (1), 81-118.

Porter, D. B. (1943). David Ruggles, um Apóstolo dos Direitos Humanos. *The Journal of Negro History,* 28 (1): 23-50.

Qin, B. e Stromberg, D. e Wu, Y. (2017). Por que é que a China permite meios de comunicação social mais livres? Protests versus Surveillance and Propaganda (Protestos versus Vigilância e Propaganda). The Journal of Economic Perspectives, 31 (1): 117140.

Quon, J. (2005). Fenomenologia e Praxis Artística: Uma aplicação à comunicação ecológica marinha. Leonardo, 38 (3): 185-191.

Rahaghi, J. (2012). Novas ferramentas, velhos objectivos: Comparing the Role of Technology in the 1979 Iranian Revolution and the 2009 Green Movement [Comparando o Papel da Tecnologia na Revolução Iraniana de 1979 e no Movimento Verde de 2009]. *Journal of Information Policy,* (2), 151-182.

Rahardjo, S. (1994). Between Two Worlds: Modern State and Traditional Society in Indonesia. Law & Society Review, 28 (3), *Law and Society in Southeast Asia (1994),* 493-502.

Randall, W. S. e Graffagnino, J. K. (2012). Comunicações. *The New England Quarterly,* 85 (4): 735-740.

Robison, J. (2003). Quais adolescentes são os maiores zumbis da TV? http://www.gallup.com/poll/8269/which-teens-biggest-zombies.aspx. 23.05.2016.

Roof, W. C. (2007). Pluralismo como cultura: Religion and Civility in Southern California [Religião e Civilidade no Sul da Califórnia]. *Annals of the American Academy of Political and Social Science,* 612: 82-99.

Rosato, S. (2005). Explicando a paz democrática. *The American Political Science Review,* 99 (3): 467-472.

Rosenberg, N. V. (2002). Repetição, Inovação e Representação no Repertório dos Media de Don Messer. *The Journal of American Folklore,* (115), 456, Folklore in Canada, 191-208.

Roth, M. e Lacy, S. e Morales, J. e Holland, U. (2001). Making&performing "code 33": Um projeto de arte pública com Suzanne Lacy, Julio Morales e Unique Holland. *A Journal of Performance and Art,* 23 (3). 47-62.

Rowe, J. C. (204). Culture, US imperialism, and globalization [Cultura, imperialismo americano e globalização]. *American Literary History,* 16 (4), 575-595.

Rudolph, Thomas J. e Evans, Jillian (2005). Political Trust, Ideology, and Public Support for Government Spending" [Confiança política, ideologia e apoio público à despesa pública]. *American Journal of Political Science.* 49 (3): 660-671.

Russell, C. (2009). Culturas em colisão: Cosmologia, jurisprudência e religião em território tlingit. *American Indian Quarterly,* 33 (2), 230-252.

Rye, S. A. (2010). Comunicação digital, transportes e estruturação urbana no quotidiano dos estudantes. *Geografiska Annaler.* Série B, Geografia Humana, 92 (1): 81-96.

Saler, M. (2006). Modernidade e encantamento: Uma revisão historiográfica. *The American Historical Review,* 111 (3), 692-716.

Sami, K. (1999). *Housing Requirement in Diyarbakir in Southeast Anatolia Project (Necessidade de Habitação em Diyarbakir no Projeto do Sudeste da Anatólia).* 25- 26 Eylul 1999. Diyarbakir: Diyarbakir Ticaret ve Sanayi Odasi.

Sark Yildizi (2009). Tecnologia funcional. 10 de outubro de 2009. P. 7.

Savage, K. (2010). The Obsolescence of Sculpture" [A Obsolescência da Escultura]. *American Art,* 24 (1): 9-14.

Schleiter, M. (2014). Crossovers de VCDs: Prática Cultural, Ideias de Pertencimento e Filmes Populares Santali. Etnologia Asiática, 73 (/), Edição Especial: The Bison and the Horn: Indigeneity, Performance, and the Sate of India, 181-200.

Schweder, R. A. - LeVive, R. A. (2003). *Culture Theory*. Cambridge: Cambridge University Press.

Sezer, Y. (2009). Television Production Process. *Broadcaterinfo,* 67: 100-104.

Shank, M. (2009). Strategic Arts-Based Peacebuilding. *Arts and Peace,* 1: 1-16.

Sheerman, Barry (1971). Extremism and Liberalism in Contemporary America [Extremismo e Liberalismo na América Contemporânea]. *Journal of American Studies,* 5 (3): 311-316.

Shen, S. e Liu, P. (2009). Percepções do antiterrorismo entre os estudantes da Universidade de Guangzhou, na China: Misinformation or Misinterpretation? *Asian Survey,* 49 (3), 553-573.

Shoemaker, P. J. e Reese, S. D. (1996). Mediating the Message Theories of Influences on Mass Media Content [Mediando a Mensagem: Teorias das Influências sobre o Conteúdo dos Meios de Comunicação Social]. New York: Longman.

Shtub, A. e Karni, R. (2010). Organizações e Estruturas Organizacionais. The Dynamics of Supply Chain and Process. Segunda edição, Nova Iorque: Springer.

Siegel, D. A. (2013). Social Networks and the Mass Media. The American Political Science Review, 107 (4), 786-805.

Stanig, P. (2015). Regulation of Speech and Media Coverage of Corruption: An Empirical Analysis of the Mexican Press. American Journal of Political Science, 59 (1): 175-193.

Smith, L. A. e Green, S. G. (2002). Implementing new manufacturing technology: The related effects to technology characteristics and user learning activities. *The Academy of Management Journal,* 45 (2): 421-430.

Smith, D. A. e Tolbert, C. (2007). The Instrumental and Educative Effects of Ballot Measures [Os efeitos instrumentais e educativos das medidas eleitorais]: Research on Direct Democracy in the American States. *State Politics & Policy Quarterly,* 7 (4): 416-445.

Smith, G. E. e Kosslyn, S. M. (1980). Uma teoria de processamento de informações de imagens mentais: A Case Study in the New Mentalistic Psychology. *PSA: Actas da reunião bienal da Associação de Filosofia da Ciência,* 1980 (2), 247-266.

Smith, M. M. (2013). Quando ver faz cheiros. *Arte Americana,* 24 (3), 12-14.

Smith, T. (2010). O Estado da História da Arte: Arte Contemporânea. *The Art Bulletin,* 92 (4): 366383.

Spigel, L. (2005). A próxima temporada da televisão. *Cinema Journal,* 45 (1): 83-90.

Spigel, L. (2004). Entertainment wars: Television culture after 9/11. *American Quarterly,* 56 (2), 235-270.

Sobchack, V. (2005). Quando o ouvido sonha: Dolby digital e a imaginação do som. *Film Quarterly,* 58 (4): 2-15.

Soldiers Painting Peace de Banksy. http://www.stencilrevolution.com/banksy-art-prints/soldiers-painting-peace/. 26.01.2016.

Spigel, Lynn (2004). "Entertainment Wars: Television Culture after 9/11". *American Quarterly*, 56 (2): 235-270.

Sprague, B. L., Andersen, S. W., Trentham-Dietz, A. (2008). Thyroid Cancer Incidence and Socioeconomic Indicators of Health Care Access (Incidência do cancro da tiroide e indicadores socioeconómicos do acesso aos cuidados de saúde). *Cancer Causes & Control,* 19 (6): 585-593.

Sroka, M. (2012). "As nações não sobreviverão sem o seu património cultural" Karol Estreicher, planos de restituição cultural polacos e a recuperação de bens culturais polacos da zona de ocupação americana. *The Polish Review,* 57 (3), 3-28.

Stafford, L. e Reske, J. R. (1990). Idealizatîon and Communication in Long-Distance Premarital Relationships [Idealização e comunicação em relacionamentos pré-matrimoniais à distância]. *Family Relations,* 39 (3), 274-279.

Stambach, A. e Raby, A. R. e Cappy, C. (2011). Changes in the Field: Analysis of the 2010 Comparative Education Review Bibliography through a Lens of Global Norm Making. *Comparative Education Review,* 55 (3): 457-472.

Stamm, M. (2012). "Transmissão do Protestantismo da Linha Principal: O Chicago Sunday Evening Club e a evolução das expectativas do público do rádio para a televisão". *Religião e cultura americana: Um Jornal de Interpretação.* 22 (2): 233-249.

Stasser, G. e Titus, W. (2003). Perfis ocultos: Uma breve história. *Psychological Inquiry,* 14 (2/4): 304-313.

Steinerova, J. (2001). Human issues of library and information work. *Information Research,* (6) 2. http://www.informationr.net/ir/6-2/paper95.html.

Stone, D. L. (2017). Uma carta do editor das resenhas de livros. *American Journal of Archaeology,* 121 (1), 3-4.

Estudar Comunicação nos EUA (2016). http://www.internationalstudent.com/study-communication/ . 04.02.2016.

Sullivan, C. W. (2001). Folclore e literatura fantástica. *Western Folklore,* 60 (4): 279-296.

Tang, Y. (2017). For Whose Eyes Only: A referência interna jornalística da China e suas implicações legais e políticas. Journal of Information Policy, (7): 1-37.

Tarr, K. e Shay, W. (2013). Como é que o filme (e o vídeo) encontrou o seu caminho para o "sótão da nossa nação": Uma conversa sobre as origens da recolha e arquivo audiovisual na Smithsonian Institution. *The Moving Image: The Journal of the Association of Moving Image Archivists,* 13 (1), 178-184.

Taylor, A. J. (2012). Motivos instáveis Propaganda, política e o trabalho tardio de Alexander Calder. *American Art,* 26 (1): 24-47.

Terit, J., Barabas, J. e Bolsen, T. (2006). Citizens, Knowledge, and the Information Environment. *American Journal of Political Science,* 50 (2), 266-282.

A Arte da Paz: Abordagens Criativas na Transformação de Conflitos. https://www.sandiego.edu/peacestudies/about/detail.php?_focus=51912. 26.01.2016.

Theis-Berglmair, A. M. (2005). O Papel das Organizações na Sociedade Moderna: An Outlook from the Perspective of Systems Theory. *Associação Internacional de Comunicação (ACI) "Communication: Questioning the dialogue",* Nova Iorque, 26-30 de maio de 2005.

Tinio, V. L. (2015). *As TIC na educação.* Nova Iorque: Wikilivros.

Thomas, J. P. (2009). Manual de Gestão dos Media. Nova Deli: Organização das Nações Unidas para a Educação, Ciência e Cultura.

Tomasulo, Frank P. (2004). "Em foco: O que é o cinema? O que é o Cinema Journal?". *Cinema Journal,* 43 (3): 79-81.

Troset, G. L. e DeLoache, J. S. (1998). O meio pode obscurecer a mensagem: Young Children's Understanding of Video. *Child Development,* 69 (4), 950-965.

Tsuji, A. (2001). O processo de AIA e o papel das ONG: Fujimae tidal flat case studyi. *Built Environment* (1978-), 27 (1), 42-50.

Turow, Joseph (2005). Construção de audiências e produção de cultura: Marketing Surveillance in the Digital Age". *Anais da Academia Americana de Ciências Políticas e Sociais.* 597: 103-121.

Ueshiba, M. (2007). *A Arte da Paz*. Nova Iorque: Shambhala.

Ugur, A. (2003). *Cultur Continent Atlas*. Istambul: Editora Yapi Kredi.

Utilização das Tecnologias de Informação e Comunicação (TIC) na Educação. http://download.ei-ie.org/Docs/WebDepot/EI_ICT_Principles.pdf. 04.02.2016.

Vafai, K. (2010). Opportunism in Organizations (Oportunismo nas Organizações). *Journal of Law, Economics, & Organization*, 26 (1), 158-181.

Valcke, P. (2011). À Procura do Utilizador na Regulação do Pluralismo dos Media: Unraveling the Traditional Diversity Chain and Recent Trends of User Empowerment in European Media Regulation. Journal of Information Policy, (1), 287-320.

Vint, S. (2013). Visualizando o boom britânico: filme e televisão britânicos de ficção científica. *CR: The New Centennial Review*, 13 (2), 155-178.

Voluntários para a Paz. http://www.vfp.org/p-7047-art-in-nature.aspx. 26.01.2016.

Vries, L. (2001). Saenredam. Utrecht. *The Burlington Magazine*, 143 (1175): 108-110.

Walsh, P. L. (2004). Este ecrã invisível: A televisão e a arte americana. *American Art*, 18 (2), 2-9.

Walter, N. (2016). Duas esferas (des)relacionadas? Compreendendo a pesquisa administrativa e crítica em comunicação em saúde. *Revista de Política de Informação*, (6), 13-40.

Wasser, F. (1995). Exposição de quatro paredes: A resistência regional à indústria cinematográfica de Hollywood. *Revista de Cinema*, 34 (2): 242-259.

Watson-Manheim, M. B. e Belanger, F. (2007). Repertórios dos meios de comunicação: Lidar com a multiplicidade de escolhas de meios de comunicação. *MIS Quarterly*, 31 (2), 267-293.

Webb, A. (2016). Information and Communication Technology and Contesting Gender Hierarchies: Research Learnings from Africa and the Middle East. Journal of Information Policy, (6): 460-474.

Weibull, L. (2016). Mudar os media, mudar a sociedade. http://img.gu.se/english/research/research-proiects/Completed+proiects/changing-media--changing-society. 17.05.2016.

Weiss, A. M. e Hussain, A. e Sathar, Z. A. (2001). Social Development, the Empowerment of Women, and the Expansion of Civil Society: Alternative Ways out of the Debt and Poverty Trap [com comentários]. *The Pakistan Development Review*, 40 (4): 401-432.

Weissman, J. e Matovina, T. e Suro, R. e Yang, F. (2012). A religião americana e a velha e nova imigração. *Religião e cultura americana: Um Jornal de Interpretação*, 22 (1): 1-30.

Westphal, J. D. e Park, S. H. e McDonald, M. L. e Hayward, M. L. A. (2012). Ajudando outros CEOs a evitar a má imprensa: Social Exchange and Impression Management Support among CEOs in Communications with Journalists [Intercâmbio social e apoio à gestão de impressões entre CEOs em comunicações com jornalistas]. *Administrative Science Quarterly*, 57 (2), 217268.

Whitten-Woodring, Jenifer (2009). Watchdog or Lapdog? Media Freedom, regime Type, and Government Respect for Human Rights [Liberdade dos Meios de Comunicação Social, Tipo de Regime e Respeito do Governo pelos Direitos Humanos]. *International Studies Quarterly*, 53 (3): 595-625.

Wicks, R. (2010). Usando obras-primas artísticas como exemplos filosóficos: The Case of Las Meninas. *The Journal of Aesthetics and Art Criticism*, 68 (3): 259-272.

Wilhoit, G. Cleveland (1969). "Mudanças de símbolos políticos em notícias de crise". *Jornal do Centro-Oeste de Ciência Política*. 13 (2): 313-319.

Williams, E. (1975). Meio ou mensagem: Communications Medium as a Determinant of Interpersonal Evaluation. Sociometry, 38 (1), 119-130.

Willems, W. (2014). Para além da deswesternização normativa: Examinar a cultura dos media a partir do ponto de vista do Sul Global. The Global South, 8 (1); New Media and Mass/Popular Culture in the Global South, 7-23.

Winship, M. N. (1997). The Land of Connected Men: A New Migration Story from the Early American Republic. *Pennsylvania History,* (64): 88-104.

Winston, D. (2007). Back to the Future: Religion, Politics, and the Media. *American Quarterly,* 59 (3): 969-989.

Winterer, C. (2010). Império Modelo, Cidade Perdida: Ancient Carthage and the Science of Politics in Revolutionary America [Cartago Antiga e a Ciência da Política na América Revolucionária]. *The William and Mary Quarterly,* 67 (1), 3-30.

Wong, E. M. e Ormiston, M. E. e Haselhuhn, M. P. (2011). Um rosto que só um investidor poderia amar: A estrutura facial dos CEOs prevê o desempenho financeiro das suas empresas. *Psychological Science,* 22 (12), 1478-1483.

Woodberry, R. D. (20012). The Missionary Roots of Liberal Democracy" [As raízes missionárias da democracia liberal]. *The American Political Science Review*, 106 (2): 244-274.

Woolley, J. T. (2000). Using Media-Based Data in Studies of Politics. *American Journal of Political Science,* 44 (1), 156-173.

Wurgaft, B. A. (2013). O Futuro do Futurismo: Uma visão do jardim, olhando para as estrelas. *Boom: Um Jornal da Califórnia,* 3 (4), 35-45.

Wycherley, R. E. (1993). *Como as cidades foram estabelecidas na Idade Antiga?* Terceira edição. Istambul: Arqueologia e Arte.

Yoo, Y. e Boland, R. T. e Lyytinen, K. (2006). From Organization Design to Organization Designing. *Organization Science,* 17 (2), 215-229.

Young, S. L. e Sherman, P. W. e Lucks, J. B. e Pelto, G. H. (2011). Porquê na Terra? Avaliando hipóteses sobre as funções fisiológicas da geofagia humana. *The Quarterly Review of Biology,* 86 (2), 97-120.

Zhang, D. (2012). Reforma da Educação Tongshi numa Universidade Chinesa: Knowledge, Values, and Organizational Changes. *Comparative Education Review*, 56 (3): 394-420.

Zukin, S. e Maquire, J. S. (2004). Consumers and Consumption. *Annual Review of Sociology,* 30: 173-197.

Zukin, Z. (2005). *The Cultures of Cities (As culturas das cidades).* Vitória: Blackwell.

Prof. Dr. Sedat Cereci

Licenciada pelo Departamento de Jornalismo e Relações Públicas da Faculdade de Comunicação da Universidade de Istambul. Trabalhou como jornalista, editor e redator em jornais e revistas. Fez um doutoramento no Departamento de Rádio e Televisão da Universidade de Istambul. Realizou documentários e participou em festivais internacionais de cinema. Escreveu 22 livros.

Printed by Books on Demand GmbH, Norderstedt / Germany